书山有路勤为径，优质资源伴你行

注册世纪波学院会员，享精品图书增值服务

可与《PMBOK®指南》（第7版）配套使用

项目管理核心资源库

A PROJECT MANAGER'S BOOK OF TEMPLATES

[美] 辛西娅·斯奈德·迪奥尼西奥　著
（Cynthia Snyder Dionisio）

傅永康　吴 江　陈万茹　译

活用PMBOK®指南
与《PMBOK®指南》（第7版）配套的项目管理实战模板

电子工业出版社·
Publishing House of Electronics Industry
北京·BEIJING

版权贸易合同登记号　图字：01-2023-1152

图书在版编目（CIP）数据

活用 PMBOK®指南：与《PMBOK®指南》：第 7 版：配套的项目管理实战模板 /（美）辛西娅·斯奈德·迪奥尼西奥（Cynthia Snyder Dionisio）著；傅永康，吴江，陈万茹译. —北京：电子工业出版社，2024.2

（项目管理核心资源库）

书名原文：A Project Manager's Book of Templates

ISBN 978-7-121-47292-3

Ⅰ．①活… Ⅱ．①辛… ②傅… ③吴… ④陈… Ⅲ.①项目管理－指南 Ⅳ．①F224.5-62

中国国家版本馆 CIP 数据核字（2024）第 041190 号

责任编辑：卢小雷

印　　刷：三河市良远印务有限公司
装　　订：三河市良远印务有限公司
出版发行：电子工业出版社
　　　　　北京市海淀区万寿路 173 信箱　邮编：100036
开　　本：880×1230　1/16　　印张：14.75　　字数：393 千字
版　　次：2024 年 2 月第 1 版
印　　次：2024 年 2 月第 1 次印刷
定　　价：88.00 元

凡所购买电子工业出版社图书有缺损问题，请向购买书店调换。若书店售缺，请与本社发行部联系，联系及邮购电话：（010）88254888，88258888。

质量投诉请发邮件至 zlts@phei.com.cn，盗版侵权举报请发邮件至 dbqq@phei.com.cn。

本书咨询联系方式：（010）88254199，sjb@phei.com.cn。

译者序一

本书作者辛西娅（Cynthia）女士是一位全球知名的项目管理专家，也是《PMBOK®指南》（全球最重要的项目管理标准之一）第 4 版、第 6 版和第 7 版的编委会主席。作为项目管理从业者，能够参与编写某一版就已经三生有幸，更何况编写三个版本。

我曾经与辛西娅女士有过三次线下相聚。2016 年秋，第一次相聚在北京，感谢 Wiley 出版社的牵线，我们在 PMI 项目管理大会后一起共进午餐并交流中国项目管理教育市场与《PMBOK®指南》（第 6 版）的新变化。2018 年夏，第二次相聚在西雅图，我们一起在海边共进午餐，交流项目管理学术话题，并相约在次年的 PMI 全球大会再见。2019 年秋，第三次相聚在费城，我如约参加 PMI 五十周年全球大会和《PMBOK®指南》（第 7 版）专题研讨会，亲身感受辛西娅女士在会场宣布第 7 版全新变革所带来的巨大震撼。在随后的三年中，因为参与《PMBOK®指南》（第 7 版）的中文审校工作，对于第 7 版英文原文中的个别疑惑之处，我一直与辛西娅女士有着持续的线上交流。

所以，当电子工业出版社发出本书的翻译邀请时，考虑到与作者的交往，也考虑到作者作为《PMBOK®指南》（第 7 版）主编的身份——对学习第 7 版很有指导意义，便毫不犹豫地承接下来。

与本书作者共进午餐（2018 年 8 月，摄于美国西雅图）

熟悉《PMBOK®指南》的读者都知道，传统的项目管理［《PMBOK®指南》（第 6 版）以前］具有非常严谨的逻辑结构，整个体系由过程组、知识领域、过程等组成，而每个项目管理过程又包括输入、工具与技术、输出（ITTO）三个组成部分。其中，除了事业环境因素和组织过程资产两个要素，输入与输出主要由各种项目管理计划和项目文件构成。计划和文件是我们进行项目管理时不可或缺的组件。

但在《PMBOK®指南》（第 7 版）中，PMI 对项目管理的构成要素做了很大的变革，除了在整体框架上将五大过程组与十大知识领域转变为项目管理十二项原则与八个绩效域，第 7 版还把模型、方法与工件做了重要的区分。其中，模型（Models）主要为了配合项目管理原则来对绩效域工作加以指导，方法（Methods）主要对应和继承了传统的工具与技术，而工件（Artifacts）则主要对应和继承了传统的输入与输出中的各种项目管理计划和文件。尽管第 7 版不再像第 6 版那样具有严谨的结构和逻辑性，但是如果我们仔细研究的话，可以发现它的绝大部分知识都继承自第 6 版，只不过对其进行了解构和重构。这一点在本书中体现得非常明显。本书内容既涵盖了第 6 版和第 7 版，也体现了第 6 版和第 7 版之间的继承、发扬与融合的辩证关系，使我们可以不必刻意地用割裂的眼光来看待二者。

本书的项目管理实战模板（Templates）主要是《PMBOK®指南》（第 7 版）的关键工件的集合与示例描述。从分类来看，《PMBOK®指南》（第 7 版）的工件主要分为战略工件、日志和登记册工件、计划工件、层级图工件、基准工件、可视化数据和信息工件、报告工件、协议和合同、其他工件。本书第 1 章（启动项目）主要对应了战略工件，第 2 章（项目计划）主要对应了计划工件，第 4 章（日志和登记册）主要对应了日志和登记册工件，第 5 章（报告和审计）主要对应了报告工件，第 3 章（项目文件）则介绍了以上各类工件以外的其他工件。在具体内容方面，本书为每个工件都给出了裁剪提示，以及一致性建议，这很符合《PMBOK®指南》（第 7 版）本身的特色。

综合来看，本书的最大价值在于通过提供模板的方式，紧扣《PMBOK®指南》（第 7 版）的思想，帮助读者更清晰、直观地学习和理解项目管理的各个工件的构成要素。由于第 7 版的工件涵盖了从瀑布到敏捷的不同生命周期，使得它有很强的适用性：无论学习《PMBOK®指南》（第 6 版）还是《PMBOK®指南》（第 7 版），也无论项目的生命周期属于瀑布还是敏捷，这些模板都可以直接当作项目管理日常工作中的参考示例来加以应用。

当然，就我个人看来，本书可能还有一点小小的遗憾。毕竟《PMBOK®指南》（第 7 版）的底层框架是八个绩效域，模型、方法与工件需要在绩效域中加以应用。但这些工件模板如何配合八个绩效域的工作，本书并没有进一步描述。所以，对于读者来说，阅读本书前，最好学习一下《PMBOK®指南》（第 6 版）或者 PMI 最新发布的《过程组：实践指南》（该书中文版已由电子工业出版社出版），也最好了解一下《PMBOK®指南》（第 7 版）中有关绩效域方面的知识，这些对于学习本书各类模板的内容与使用会有事半功倍的效果。

本书是继《哈佛商业评论项目管理手册》之后，我和吴江老师、陈万茹女士再次共同翻译的一本书，这是一段非常愉快的合作经历。

傅永康
2023 年 8 月
于上海清晖

译者序二

与以往的版本相比,《PMBOK®指南》(第 7 版)在结构上的创新是颠覆性的,它诠释了最新的项目管理理论,并站在当今世界流行的各种项目管理标准之上,创造性地提出用"原则"指导所有的项目实践。对学习者来说,《PMBOK®指南》(第 7 版)提出了更高的要求。

如果将项目管理的知识体系按中国传统的"道—法—术—器"划分,《PMBOK®指南》(第 7 版)相当于处在"道"或"法"的层面,它帮助学习者了解项目管理的基本思想,掌握项目管理的思维方式。鉴于《PMBOK®指南》(第 6 版)的页数很多、书很厚,因此在第 7 版中,只简单列了一些"模型、方法和工件"的名称,没有具体内容和使用方法的介绍。所以只学习《PMBOK®指南》(第 7 版)就想在实践中管理项目是不现实的,与"术"和"器"相关的知识和内容也是我们必须掌握的。

本书的作者辛西娅·斯奈德·迪奥尼西奥是著名的项目管理顾问,曾担任《PMBOK®指南》第 4 版、第 6 版和第 7 版的编委会主席,著有多本项目管理相关书籍。本书提供了指导项目管理从业者在实际工作中执行项目管理的基本过程所需要的模板。其中,包括启动项目、项目计划、项目文件、日志和登记册及各种报告和审计等关键环节中的有用模板。这些模板适用于传统的瀑布型项目和新兴的适应型项目(敏捷实践),也适用于当前越来越多的混合型项目。

我有 20 多年的项目管理经历,审视本书的这些模板,让我感到惊喜的是,所有这些都是我当年管理项目时的主要模板,可谓应有尽有。当然,大家也不能简单地照抄、照搬,因为每个项目都是独特的。请注意"指南"的含义,它要求你根据项目内外部环境、行业特点及团队干系人喜好,学会"裁剪",这样才可以融会贯通,学以致用。常言道:阅读书籍,聆听讲座只相当于收集"信息",只有通过实践、思考和总结,才可以将信息升华为自己掌握的"知识",否则这些信息只是一堆"垃圾"。

在翻译本书时,有幸再次与清晖董事长傅永康老师和陈万茹老师合作,十分高兴。不久前我与傅老师一同完成了《PMBOK®指南》(第 7 版)的中文审校工作,该书已在国内市场出版。本书则是第 7 版的配套书籍。我们快马加鞭地完成了本书的翻译,希望能帮助读者尽早掌握全面的项目管理知识体系。

期待各位项目管理从业者通过学习和应用本书的内容能增加项目管理的实践经验,能在实际工作中不断总结,提炼成有效的新的项目管理理论,然后提交给 PMI。希望在《PMBOK®指南》第 8 版或第 9 版中看到来自中国的项目管理智慧。让我们一起为全球的项目管理贡献力量。

吴江

译者简介

傅永康

PMP、PMI-ACP、东南大学本科、复旦大学 MBA、清华大学 EMBA、复旦—香港城市大学 DBA、九三学社社员、清晖项目管理创始人、PMI 中国项目管理大奖评委、《PMBOK®指南》（第 7 版）中文审校专家、全国项目管理标准化技术委员会委员、《项目管理评论》杂志编委，曾主持翻译十余本项目管理领域的专业书籍。

吴江

PMP、PMI-ACP、北方交通大学硕士、项目管理领导力培训师，曾在摩托罗拉、亚马逊等全球化外企工作 20 多年，专注于项目管理领域，具有丰富的项目管理理论和实践经验。任《PMBOK®指南》（第 6 版）、《PMBOK®指南》（第 7 版）及《过程组：实践指南》中文审校专家、2019 年 PMP 考试大纲中文审校专家。获得过由 PMI（中国）颁发的"2020 年度 PMI 杰出贡献奖"。

陈万茹

PMP、PRINCE2 Practitioner、CSPM-4、中国人才交流基金会认证讲师、中国标准化协会认证讲师、全国项目管理标准化技术委员会专家、复旦大学—麻省理工学院 MBA。先后在教育、民航、管理咨询等领域从事教育培训、运营、项目管理、产品研发等工作，具有与大型组织供应链管理、战略转型、项目群管理、PMO 管理等相关的工作经验。参与翻译多本管理类专业书籍。

引　言

项目管理事业正在蓬勃发展。一个转变是，我们已经从纯粹的预测型（瀑布式）或适应型（敏捷）方法转向了更为混杂或混合的方法。事实上，如今有超过 50% 的项目都在正式或非正式地采用混合项目管理方法。

本书提供了用于预测型项目管理的模板，如进度管理计划和经验教训登记册，以及用于适应型和敏捷项目管理的模板，如需求待办事项列表和发布计划。

另一个转变是，我们越来越多地对项目和商业结果负责。为了帮助你做到这一点，你可以使用商业论证的商业模板、启动画布、项目建议书及其他模板，来协助你向高层级的干系人展示商业和战略层级的信息。

为谁而写

本书为诸如工程建设、系统实施等传统领域的项目经理，以及软件开发、数字产品管理和高科技等数字领域的项目经理而写。因为本书是战术性的而非理论性的，所以初学者和高级从业者、学术人员、PMP备考人员都可以使用它，也可以按需作为参考。

刚接触项目管理的人员可以将模板作为收集和组织项目信息的指南。经验丰富的项目经理可以将表单用作模板，以便持续收集所有项目的数据。从本质上讲，这些模板为每个项目节省了"重新发明车轮"的时间。

本书还为项目经理的管理者、项目管理办公室（PMO）和项目集经理而写。使用本书的模板可以确保项目文件的一致性，在组织层面使用它们，可以使项目管理所采用的方法得以复制。

本书不介绍项目管理概念，也没有描述如何应用项目管理技术（有其他书籍和课程可以满足这些需求）。本书侧重于提供一个能够让良好且一致的实践应用于项目的简单方法。

本书结构

本书的结构与我们在项目中涉及的工作类型一致。例如，我们会做一些规划，用登记册跟踪信息，用很多项目文件来让我们的工作更有条理。以下是本书中的主要内容：

启动项目。本章中的模板用于满足商业需要，提供高层级的信息，并授权项目。示例包括项目章程和项目愿景陈述。

项目计划。本章中的模板用于制订指导项目交付的计划，你可以找到风险管理计划、发布计划、变更管理计划和许多其他计划的模板。

项目文件。项目文件帮助我们开发和组织项目所需的信息。本章中有许多文件模板，包括估算工作表、需求跟踪矩阵和用户故事等。

日志和登记册。日志和登记册在整个项目进行中都会得到更新，它们能帮助我们跟踪项目的动态。你可以找到诸如待办事项列表、干系人登记册和假设日志之类的模板。

报告和审计。我们可以使用各种项目报告来跟踪和报告项目，并对项目的特定方面进行审计。此外，在本章中，你还可以看到采购审计、质量报告和项目收尾报告等。

每个模板都包括对其所含要素的描述，以及这些要素如何排列的示例表单。应该对每个模板都进行裁剪和修改，以满足实际需要。希望本书的描述和示例模板能为你提供一些思路，帮助你收集和管理使项目成功所需的信息。

大多数的模板描述遵循以下格式：

- 模板描述与内容列表一起提供。对于规划表单，有信息来源和去向的描述。
- 裁剪提示。提供需要考虑的信息，以便你根据需要来裁剪模板。
- 一致性。显示了你希望确保对齐的相关模板。
- 描述。用于识别模板中的每个字段及简要说明。
- 模板的空白副本。

我还提供了一个附录，其中有一些组合模板的示例。在裁剪部分，我对如何通过将一个模板与另一个模板组合来进行裁剪提出了一些建议。附录没有给出模板的详细信息（在首次讨论该模板的章节会提供这些信息）。

正如你知道的那样，我相信，并非所有的项目都需要所有的模板。使用你需要的模板，达到你需要的程度即可。希望你能从本书所提供的模板中找到其价值。

目 录

第1章 启动项目 1

1.1 项目建议书 2

1.2 商业论证 5

1.3 项目启动画布 9

1.4 项目愿景陈述 12

1.5 项目章程 15

1.6 项目简介 20

1.7 项目路线图 24

第2章 项目计划 26

2.1 范围管理计划 27

2.2 需求管理计划 31

2.3 进度管理计划 35

2.4 发布计划 39

2.5 成本管理计划 41

2.6 质量管理计划 44

2.7 资源管理计划 48

2.8 沟通管理计划 52

2.9 风险管理计划 55

2.10 采购管理计划 61

2.11 干系人参与计划 66

2.12 变更管理计划 69

2.13 项目管理计划 73

第3章 项目文件 79

3.1 变更请求 80

3.2 需求文件 84

3.3 需求跟踪矩阵 87

3.4 项目范围说明书 90

3.5 WBS 词典 93

3.6 人力投入/持续时间估算 97

3.7 人力投入/持续时间估算工作表 100

3.8 成本估算 103

3.9 成本估算工作表 105

3.10 责任分配矩阵 110

3.11 团队章程 113

3.12 概率和影响评估 117

3.13 风险数据表 123

3.14 采购策略 126

3.15 资源选择标准 129

3.16 干系人分析 132

3.17 用户故事 134

3.18 回顾 136

第4章 日志和登记册 139

4.1 假设日志 140

4.2 待办事项列表 143

4.3 变更日志 145

4.4 决策日志 148

4.5 问题日志 150

4.6 干系人登记册 153

4.7 风险登记册 156

4.8 经验教训登记册 160

第5章 报告和审计 163

5.1 团队成员进展报告 163

5.2 项目状态报告 169

5.3 偏差分析报告 175

5.4 挣值分析报告 179

5.5 风险报告 183

5.6 承包商状态报告 189

5.7 合同收尾报告 193

5.8 经验教训报告 197

5.9 项目收尾报告 202

5.10 质量审计 206

5.11 风险审计 209

5.12 采购审计 213

附录 A 组合模板 217

第 **1** 章

启动项目

毫无疑问，正确启动项目是成功交付项目的第一步。项目在规模、方法论、关键性和干系人方面有着很大的差异，可以使用不同的方法收集并记录初始项目信息。

本章中的模板记录了将在项目计划和项目文件中详述的高层级信息。用于记录初始项目信息的模板通常包括：

- 项目建议书
- 商业论证
- 项目启动画布
- 项目愿景陈述
- 项目章程
- 项目简介
- 项目路线图

在项目得到正式批准之前，通常就要开始准备项目建议书、商业论证和项目启动画布了。这些文件包含的信息有助于干系人确定项目的需求和收益是否可证明所需的时间、预算和资源投入是合理的。因为项目此时尚未获批，也没有确定项目经理，所以这些模板一般由项目发起人直接起草。

项目愿景陈述、项目章程和项目简介模板通常在项目得到正式批准后完成。这些模板提供了项目的高层级信息，其内容可以由项目发起人、项目经理准备，或者由两人共同准备。

项目路线图可以使用以前文件中的信息，并提供摘要信息的图形化显示。项目路线图通常由项目经理绘制。

对于大多数项目，使用上述的两个或三个模板就可以很好地启动项目。这些模板中的大部分信息都可以在多个模板中找到。因此，你应该先为项目确定最佳模板，然后通过编辑、组合或修改来裁剪模板以满足项目的需求。

项目启动模板通常在项目获得授权之前或之后快速开发一次。 提供了有关业务环境的信息、项目启动的理由、财务期望目标和项目的高层级信息。如果环境或项目发生重大变化，可以重新评审项目需求，并更新这些文件。

1.1 项目建议书

项目建议书是描述机会、解决问题的方案或执行强制性项目的方法的提案。在理想情况下，其内容不会超过两页。项目建议书提供了有关环境和为什么需要项目的信息，并提出了响应项目和项目实施方法的建议。它用于提供高层级的信息，以便决策者确定是否应开展项目。

典型信息包括：

- 执行摘要
- 项目背景
- 解决方案和方法
- 财务信息
- 资源需求
- 结论

项目建议书可为以下文件提供信息：

- 商业计划
- 项目启动画布
- 项目章程
- 项目简介
- 项目路线图

只需编制一次项目建议书，只有在市场、环境或需求发生重大变化时才会对其进行变更。

裁剪提示

考虑以下提示有助于裁剪项目建议书以满足需求：

- 对于新产品开发项目，可以将项目建议书与项目愿景陈述结合起来。
- 对于小型项目，可以将项目建议书与商业论证结合起来。
- 如果有相关的研究，该信息可包含在附录中。

对于混合型项目，为了有效交付项目，可以列出将使用的开发方法的信息。

一致性

项目简介应与以下文件保持一致：

- 商业论证
- 项目愿景陈述
- 项目启动画布
- 项目章程
- 项目简介
- 项目路线图

描述

可以使用表 1.1 中的要素来编制项目建议书。

表 1.1　项目建议书的要素

文件要素	描　　述
执行摘要	简要概述拟议项目将处理的问题（或机会）及其处理方法。包括背景、项目目标和可交付物的概要
项目背景	为项目提供相关场景的信息。可能包括历史、环境因素、市场状况、重大事件或表明项目迫切需要的其他信息
解决方案和方法	项目目标和范围概要、预期交付时间线，以及用于交付项目的方法的简要说明
财务信息	高层级的项目资金需求。可能包括财务指标
资源需求	所需实物资源的简要说明，包括材料、设备和场地。所需的完整技能集和团队成员数量的摘要
结论	要点总结

项目建议书

项目名称：＿＿＿＿＿＿＿＿＿＿＿＿＿＿＿＿　　日期：＿＿＿＿＿＿＿＿＿＿＿＿＿＿＿＿

执行摘要

项目背景

解决方案和方法

目标	范围

财务信息

资源需求

实物资源	团队资源

结论

1.2　商业论证

商业论证描述了实施项目的根本原因，以及当前状况、未来愿景、威胁、机会、成本和收益。商业论证还包含市场信息、财务指标和需要考虑的备选方案。

典型信息包括：

- 执行摘要
- 背景信息
- 项目目标
- 项目收益
- 项目定义
- 市场评估
- 备选方案分析
- 财务分析
- 风险概述
- 附录

项目的商业论证可从以下文件获取信息：

- 项目建议书
- 项目愿景陈述

项目的商业论证可为以下文件提供信息：

- 项目章程
- 项目启动画布
- 项目简介
- 项目管理计划

只需编制一次商业论证，只有在市场、财务分析或项目定义发生重大变化时才会对其进行变更。

裁剪提示

考虑以下提示有助于裁剪商业论证以满足需求：

- 对于大型项目，备选方案分析可能是一份单独的文件。
- 你可以添加大型项目的项目治理信息。
- 使用混合型方法的项目可能需要包含项目的实施方法，以定义项目的哪些方面将采用预测型方法，哪些方面将采用适应型方法，以及如何将它们进行整合。

一致性

商业论证应与以下文件保持一致：

- 项目建议书
- 项目章程
- 项目管理计划

描述

可以使用表 1.2 中的要素来编制项目商业论证。

表 1.2　项目商业论证的要素

文件要素	描　　述
执行摘要	提供商业论证的摘要描述。向干系人简要概述项目
背景信息	描述项目的环境和业务背景。确定问题或机会。记录项目如何与组织的战略计划保持一致
项目目标	项目要实现的可测量的目标
项目收益	描述预期收益，如提高效率、改进质量、增加收入等
项目定义	描述关键可交付物和项目边界。在必要时，可描述实现可交付物的方法
市场评估	提供市场概况，包括技术可行性、法律法规、环境和竞争对手的信息
备选方案分析	描述已考虑过的备选方案和你推荐的备选方案。对于每种备选方案，提供其收益、成本和风险。记录每个备选方案如何满足需求或解决问题。如果有必要的话，可包括每个备选方案的可行性分析
财务分析	计算关键财务指标，如净现值、投资回报率、现金流和生命周期成本
风险概述	描述高层级的项目威胁和机会及其潜在影响
附录	提供电子表格、研究和参考资料等相关的支持信息

项目商业认证

项目名称：_____　　日期：_____

执行摘要

```
┌─────────────────────────────────────────────────────┐
│                                                     │
│                                                     │
│                                                     │
│                                                     │
│                                                     │
└─────────────────────────────────────────────────────┘
```

背景信息

```
┌─────────────────────────────────────────────────────┐
│                                                     │
│                                                     │
│                                                     │
│                                                     │
│                                                     │
└─────────────────────────────────────────────────────┘
```

目标	成功标准

项目收益

```
┌─────────────────────────────────────────────────────┐
│                                                     │
│                                                     │
│                                                     │
│                                                     │
│                                                     │
└─────────────────────────────────────────────────────┘
```

项目定义

```
┌─────────────────────────────────────────────────────┐
│                                                     │
│                                                     │
│                                                     │
│                                                     │
└─────────────────────────────────────────────────────┘
```

项目商业认证

市场评估

技术可行性
法律法规
环境
竞争对手

备选方案分析

备选方案	收益	成本	风险
1.			
2.			
3.			

财务分析

备选方案	净现值（NPV）	投资回报率（ROI）	现金流	生命周期成本
1.				
2.				
3.				

风险概述

附录

1.3　项目启动画布

项目启动画布是项目的高层级可视化摘要。它是一个框架，允许你快速、简洁地获取新项目的信息。项目启动画布参考了商业启动画布和精益创业画布的模型。与这些模型一样，项目启动画布呈现在一页纸上。然而，该项目启动画布关注的是关键项目信息，而不是市场、竞争对手和分销信息。

项目启动画布可以包含以下信息：

- 问题/机会
- 解决方案/范围
- 可交付物
- 价值主张
- 干系人
- 资源
- 成本
- 里程碑
- 威胁/制约因素

项目启动画布可从以下文件获取信息：

- 项目建议书
- 项目愿景陈述

项目启动画布可为以下文件提供信息：

- 项目章程
- 项目简介
- 工作分解结构
- 待办事项列表
- 资源需求
- 成本估算
- 进度计划
- 风险登记册

只需编制一次项目启动画布，通常不会对其进行变更，除非环境、范围、进度、预算或资源发生重大变化。

裁剪提示

考虑以下提示有助于裁剪项目启动画布以满足需求：

- 如果项目属于新产品开发项目，请考虑将重点放在分销渠道、客户细分和收入来源上，而不是可交付物、资源和里程碑上。虽然后面这些要素更加面向业务，但在开始时记录前面的要素有助于将项目重点放在最终用户和市场上。

一致性

项目启动画布应与以下文件保持一致：

- 项目愿景陈述
- 项目范围说明书
- 工作分解结构
- 干系人登记册
- 里程碑计划
- 成本估算
- 风险登记册

描述

可以使用表 1.3 中的要素来编制项目启动画布。

表 1.3　项目启动画布的要素

文件要素	描　　述
问题/机会	确定项目将解决的问题或遇到的机会。如果能提供有价值的信息，请将其包括在内
解决方案/范围	描述建议的问题解决方案。注意范围边界（范围之内或超出范围的内容）
可交付物	列出关键的项目和产品可交付物
价值主张	描述为什么需要该项目，以及项目将提供的价值
干系人	列出关键干系人，包括客户和最终用户
资源	识别所需的关键实物资源和重要的技能组合
成本	提供初步的成本估算。包括固定成本和可变成本，以及项目成本和维护成本
里程碑	列出关键里程碑
威胁/制约因素	识别项目面临的重大威胁和制约因素

项目启动画布

问题/机会	解决方案/范围	价值主张	干系人	成本
	可交付物		资源	
里程碑		威胁/制约因素		

1.4　项目愿景陈述

项目愿景陈述提供了正在开发的产品或服务的未来前景。项目愿景陈述不仅应是雄心勃勃的，而且也应是可实现的和切合实际的。项目愿景陈述是在项目一开始开发的，通常用作商业论证的输入。

项目愿景陈述至少包括：

- 目标客户
- 需要
- 产品或服务
- 关键属性
- 关键收益

项目愿景陈述可从以下文件获取信息：

- 项目建议书
- 项目启动画布

项目愿景陈述可为以下文件提供信息：

- 项目章程
- 项目简介

项目愿景陈述通常用于使用敏捷方法开发数字产品的项目。在项目开始时仅编制一次项目愿景陈述。

裁剪提示

考虑以下提示有助于裁剪项目愿景陈述以满足需求：

- 记录产品所对应的商业目标。
- 确定关键竞争对手，以及应如何将产品做得更好。
- 描述该产品与市场上同类产品的区别。
- 你可以用一两个句子来描述所有信息，也可以遵循示例模板所示的结构式进行操作。

对于混合型项目，可以将项目愿景陈述与项目章程进行整合（见第 1.5 节）。

一致性

项目（产品）愿景陈述应与以下文件保持一致：

- 商业建议书
- 项目启动画布
- 项目章程
- 项目简介

描述

可以使用表 1.4 中的要素来编制项目愿景陈述。

表 1.4　项目愿景陈述的要素

文件要素	描　述
产品或服务	识别正在开发的产品或服务
目标客户	将购买或使用产品的个人或群体
需要	产品将满足的需要或需求
关键属性	重要特性或功能的简要描述
关键收益	描述客户购买产品或服务的原因

项目愿景陈述

项目名称：_____　　　编制日期：_____

我们为了_____　　　开发_____

以满足下列需要：

-
-
-

为了满足这些需要，该产品可以提供以下关键属性：

-
-
-
-

客户会因为这些收益而购买该产品：

-
-
-
-

1.5　项目章程

项目章程是正式授权启动项目的文件。项目章程定义了实施项目的原因，并为项目指定了项目经理及其职权范围。在项目章程中，用高层级的术语描述了项目，例如：

- 项目目的
- 高层级的项目描述
- 项目边界
- 关键可交付物
- 高层级的需求
- 总体项目风险
- 项目目标和相关的成功标准
- 里程碑进度计划概要
- 项目预算
- 关键干系人
- 项目退出标准
- 指派的项目经理、职责和职权范围
- 发起人或可授权项目的其他人员

项目章程可从以下文件获取信息：

- 项目建议书
- 项目启动画布
- 商业论证

项目章程可为以下文件提供信息：

- 干系人登记册
- 项目管理计划的所有要素
- 需求文件
- 需求跟踪矩阵
- 项目范围说明书
- 干系人参与计划

只需编制一次项目章程，通常不会对其进行变更，除非环境、范围、进度、资源、预算或干系人发生重大变化。

裁剪提示

考虑以下提示有助于裁剪项目章程以满足需求：

- 将项目章程与项目范围说明书结合起来，尤其是在项目规模较小的情况下。
- 如果你需要根据合同来执行项目，在某些情况下，你可以将工作说明书作为项目章程。

对于混合型项目，可以将项目愿景陈述与项目章程进行整合。

一致性

项目章程应与以下文件保持一致：

- 商业论证
- 项目范围说明书
- 里程碑进度计划
- 项目预算
- 干系人登记册
- 风险登记册

描述

可以使用表 1.5 中的要素来编制项目章程。

表 1.5　项目章程的要素

文件要素	描　　述
项目目的	实施项目的原因。可以参考商业论证、组织的战略计划、外部因素、合同协议或执行项目的任何其他原因
高层级的项目描述	项目的摘要级描述
项目边界	项目范围的限制。可能包括范围排除项或其他限制
关键可交付物	高层级的项目和产品可交付物。这些将在项目范围说明书中得到进一步阐述
高层级的需求	为满足项目目的而必须具备的高层级条件或能力。描述了为满足干系人的需要和期望，必须提供的产品特性和功能。这些将在需求文件中得到进一步阐述
总体项目风险	对项目总体风险的评估。总体风险可能包括潜在的政治、社会、经济及技术的易变性、不确定性、复杂性和模糊性。它涉及项目成果变化导致的干系人风险敞口的预判
项目目标和相关的成功标准	项目目标至少基于范围、进度和成本而确定。它是衡量项目成功与否的测量标准或度量指标。可能还有其他目标，包括质量、安全和干系人满意度目标
里程碑进度计划概要	项目中的重大事件。示例包括关键可交付物的完成、项目阶段的开始或完成、产品验收等
项目预算	项目可用资金的数额。可能包括资金来源和年度资金限额
关键干系人	影响或可能影响项目成功的人员或群体，以及受项目成功影响的人员或群体的高层级初始列表。该内容可以在干系人登记册中进一步阐述
项目退出标准	完成项目必须满足的绩效、度量指标、条件或其他测量标准
指派的项目经理、职责和职权范围	项目经理在人员配置、预算管理与偏差、技术决策和冲突解决方面的职权。 人员配置职权的示例包括雇用、解雇、纪律处分、接受或不接受项目人员的权力。 预算管理是指项目经理承诺、管理和控制项目资金的权力。偏差是指需要上报的偏差程度。 技术决策描述了项目经理对可交付物或实施项目的方法做出技术决策的权力。 冲突解决定义了项目经理在团队内部、组织内部以及与外部干系人之间解决冲突的程度
发起人或授权项目的其他人员（姓名和权限）	为项目目的而监督项目经理的人员的姓名、职位和权限。常见的权限类型包括批准变更、确定可接受的偏差限制、解决项目间冲突以及获得高级管理层对项目的支持

项目章程

项目名称：＿＿＿＿＿＿＿＿＿＿＿＿＿　编制日期：＿＿＿＿＿＿＿＿＿＿＿＿＿＿

项目发起人：＿＿＿＿＿＿＿＿＿＿＿　项目经理：＿＿＿＿＿＿＿＿＿＿＿＿＿＿

项目目的

高层级的项目描述

项目边界

关键可交付物

高层级的需求

总体项目风险

项目章程

	项目目标	成功标准
范围		
进度		
成本		
其他		

总体里程碑	截止日期

项目预算

干系人	角色

项目章程

项目退出标准

项目经理职权范围

人员配置
预算管理与偏差
技术决策
冲突解决

批准：

项目经理签字	发起人或组织者签字
项目经理姓名	发起人或组织者姓名
日期	日期

1.6 项目简介

项目简介是对项目关键要素的简要描述。在理想情况下，它只有一两页的内容。项目简介用于确保项目团队和关键干系人对项目有共同的理解。

典型信息包括：

- 项目概述
- 目的和目标
- 成功标准
- 初始制约因素和假设条件
- 范围描述
- 预算
- 时间线和里程碑
- 关键干系人

项目简介可从以下文件获取信息：

- 项目建议书
- 商业论证
- 项目启动画布
- 项目愿景陈述

项目简介可为以下文件提供信息：

- 项目管理计划
- 范围说明书
- 假设日志
- 项目进度计划
- 成本估算
- 干系人参与计划
- 干系人登记

只需编制一次项目简介，只有在范围、进度、成本或干系人发生重大变化时才会对其进行变更。

裁剪提示

考虑以下提示有助于裁剪项目简介以满足需求：

- 如果项目是为外部客户完成的，应包括有关客户和最终产品或服务的目标受众的信息。
- 对于大型项目，可以将制约因素和假设条件保存在假设日志中。

对于混合型项目，可以列出将使用的开发方法的信息，以及哪些可交付物将使用适应型方法，哪些将使用预测型方法。

一致性

项目简介应与以下文件保持一致：

- 项目建议书
- 项目章程
- 项目路线图
- 项目管理计划

描述

可以使用表 1.6 中的要素来编制项目简介。

表 1.6　项目简介的要素

文件要素	描　　述
项目概述	一份有关项目的综合描述。可能包括为什么需要该项目的简短背景
目的和目标	项目要实现的具体的及可测量的目的和目标
成功标准	为使项目被视为成功，目的和目标必须满足的度量指标或测量标准
初始制约因素和假设条件	项目的限制（制约因素）和对项目的期望
范围描述	有关范围的简短描述
预算	分配给项目的资金
时间线和里程碑	项目持续时间和关键里程碑的日期
关键干系人	重要的干系人，包括客户和最终用户

项目简介

项目名称：_____　　日期：_____

项目概述

目的	成功标准

目标	成功标准

制约因素	假设条件

范围描述

项目简介

预算	时间线

里程碑

关键干系人

1.7 项目路线图

项目路线图是生命周期阶段、关键可交付物、管理评审和里程碑的高层级可视化总结。典型信息包括：

- 项目生命周期阶段
- （每个阶段的）主要可交付物或事件
- 重要里程碑
- 审查时间和类型

项目路线图可从以下文件获取信息：

- 项目章程
- 项目管理计划

项目路线图可为以下文件提供有关信息：

- 项目进度计划
- 风险登记册
- 里程碑清单

只需编制一次项目路线图，只有在关键事件、里程碑或可交付物的日期发生变化时才会对其进行变更。

裁剪提示

考虑以下提示有助于裁剪项目路线图以满足需求：

- 对于大型的复杂项目，项目路线图可能是一份独立的文件。
- 对于小型项目，项目路线图可作为项目管理计划。
- 对于混合型项目，项目路线图可以包括有关开发方法和发布日期的信息。

一致性

项目路线图应与以下文件保持一致：

- 项目章程
- 项目管理计划

描述

可以使用表 1.7 中的要素来编制项目路线图。

表 1.7 项目路线图的要素

文件要素	描　　述
项目生命周期阶段	每个生命周期阶段的名称
主要可交付物或事件	关键可交付物、阶段关口、关键的批准、外部事件或项目中的其他重要事件
重要里程碑	项目中的里程碑
评审的时间和类型	管理、客户、合规或其他重要评审

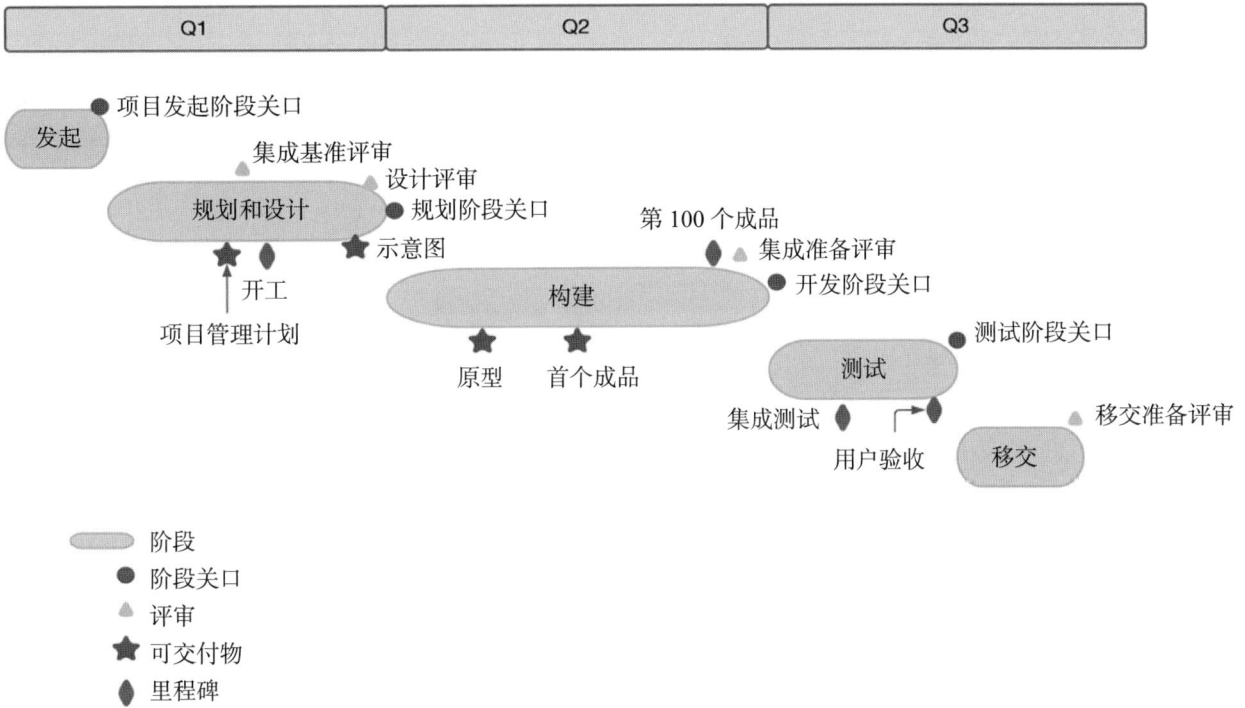

Q1	Q2	Q3

项目发起阶段关口

发起

集成基准评审

设计评审

规划和设计　　　规划阶段关口

示意图

开工

项目管理计划

第 100 个成品

集成准备评审

构建　　　开发阶段关口

原型　首个成品

测试阶段关口

测试

集成测试

用户验收

移交准备评审

移交

阶段

阶段关口

评审

可交付物

里程碑

第 2 章

项目计划

一旦项目获得授权（可以启动），就要开始进行规划了。对于一些范围明确、不太可能变更的项目，要花费大量时间提前规划，并尽量减少后续的变更。对于其他项目，在开始时要进行适度规划，之后随着可用信息越来越多，渐进明细地制订计划。对于使用敏捷方法的项目，要预料到范围的扩展，只进行刚好够的规划以开始工作，然后根据反馈和工作优先级来扩展项目范围。

本章中的各种计划模板主要用于范围明确且基本不会出现变更的项目。这些模板可用于确定和记录项目将如何执行的各个方面，如沟通管理、风险管理和采购管理等。有 13 个与规划项目相关的模板：

- 范围管理计划
- 需求管理计划
- 进度管理计划
- 发布计划
- 成本管理计划
- 质量管理计划
- 资源管理计划
- 沟通管理计划
- 风险管理计划
- 采购管理计划
- 干系人参与计划
- 变更管理计划
- 项目管理计划

为了满足项目、干系人和组织的需要，本章中的一些模板可以组合使用。例如，将范围管理计划和质量管理计划组合，将沟通管理计划和干系人参与计划组合。

对于小型项目，你可能不需要编制所有这些计划。例如，如果没有采购环节，则不需要采购管理计划。一个实物资源很少的小团队可能不需要资源管理计划。

通常，在确认项目基准之前编制一次项目计划。之后，如果环境或项目发生重大变化，则可能需要重新审查项目计划。

2.1　范围管理计划

范围管理计划是项目管理计划的一部分。它规定了如何定义、组织、开发、跟踪和确认项目范围。规划如何管理范围应包括（至少）以下过程：

- 将项目分解为独立的可交付物
- 组织范围
- 确定会引发范围变更和修订的原因
- 如何通过正式的变更控制流程管理范围变更
- 维护范围基准
- 如何验收可交付物

此外，范围管理计划还可以提供指导，例如，工作分解结构（WBS）词典中应包含的要素，以及范围管理计划和需求管理计划如何相互作用。

范围管理计划可从以下文件获取信息：

- 项目建议书
- 项目章程
- 项目简介
- 项目管理计划

范围管理计划可为以下文件提供信息：

- 需求文件
- 范围说明书
- WBS
- WBS 词典

只需编制一次范围管理计划，通常不会对其进行变更。

裁剪提示

考虑以下提示有助于裁剪范围管理计划以满足需求：

- 对于小型项目，可以将范围管理计划与需求管理计划相结合。
- 对于大型项目，可制订一个测试和评估计划，该计划定义了客户如何确认和验收可交付物。
- 如果项目涉及商业分析，你可能希望包含有关商业分析活动如何与项目管理活动交互的信息。
- 如果使用的是混合型方法，可以在两个方面裁剪范围管理计划，一个用于预测型可交付物，另一个用于适应型可交付物。对于适应型可交付物，可以包括以下信息：
  - 记录预测型和适应型工作将如何整合。
  - 确定待办事项列表的优先级和维护方式。
  - 描述用户故事的格式。

一致性

范围管理计划应与以下文件保持一致：

- 开发方法
- 生命周期描述
- 变更管理计划
- 需求管理计划
- 待办事项列表
- 用户故事

描述

可以使用表 2.1 中的要素来编制范围管理计划。

表 2.1　范围管理计划的要素

文件要素	描　　述
WBS（分解和组织范围）	如果使用 WBS 来分解和组织范围，请描述是否将使用阶段、地理位置、主要可交付物或其他方式进行安排。还可以记录建立控制账户和工作包的准则
WBS 词典	如果使用 WBS 词典，请确定要记录的信息和所需的详细程度
范围变更	描述哪些因素会引起范围变更和范围修订。变更必须遵循变更控制流程，而修订则不用遵循
范围基准维护	确定需要经过正式变更控制流程的范围变更类型，以及如何维护范围基准
可交付物验收	对于每个可交付物，确定如何确认可交付物以使客户接受，包括签署所需的任何测试或文档
范围和需求整合	描述如何在范围说明书和 WBS 中处理项目和产品需求。确定整合点，以及如何进行需求和范围的确认
混合型方法的考虑因素	描述适应型可交付物如何与预测型可交付物整合
适应型范围	确定待办事项列表的类型，如需求待办事项列表、用户故事待办事项列表等。描述在待办事项列表中确定工作优先级的准则
用户故事	如果使用用户故事，请确定团队应使用的格式

范围管理计划

项目名称：_____　日期：_____

WBS

WBS 词典

范围基准维护

可交付物验收

范围管理计划

范围和需求整合

混合型方法的考虑因素

适应型范围

用户故事

2.2 需求管理计划

需求管理计划是项目管理计划的一部分，它规定了在整个项目中如何进行需求活动。管理需求活动至少包括：

- 规划活动，如：
  - 启发
  - 分析
  - 分类
  - 优先级排序
  - 归档
  - 确定度量指标
  - 定义追溯结构
- 管理活动，如：
  - 跟踪
  - 报告
  - 追溯
  - 确认
  - 执行配置管理

需求管理计划可从以下文件获取信息：

- 项目建议书
- 项目章程
- 开发方法
- 范围管理计划
- 质量管理计划

需求管理计划可为以下文件提供信息：

- 需求文件
- 需求跟踪矩阵
- 质量管理计划
- 风险登记册

只需编制一次需求管理计划，通常不会对其进行变更。

裁剪提示

考虑以下提示有助于裁剪需求管理计划以满足需求：

- 对于小型项目，可以将需求管理计划与范围管理计划相结合。
- 如果项目涉及商业分析，你可能希望包含有关商业分析需求活动如何与项目管理需求活动交互的信息。
- 可以在需求管理计划中记录测试和评估策略。对于大型项目，可能需要单独的测试计划。

- 对于混合型项目，可以指定如何处理预测型方面和适应型方面的需求。
- 如果使用的是敏捷方式或适应型开发方法，可以合并有关如何使用待办事项列表来管理和跟踪需求的信息。

一致性

需求管理计划应与以下文件保持一致：
- 开发方法
- 变更管理计划
- 范围管理计划
- 待办事项列表

描述

可以使用表 2.2 中的要素来编制需求管理计划。

表 2.2　需求管理计划的要素

文件要素	描　　述
需求收集	描述如何收集或启发需求。考虑头脑风暴、访谈、观察等技巧
需求分析	描述如何分析需求以确定优先级、分类以及对产品或项目方法的影响
需求分类	确定需求的类别，如业务、干系人、质量等
需求归档	定义如何记录需求。需求文件的格式可以从简单的表单到包含详细描述和附件的复杂表格
需求优先级排序	确定排序需求优先级的方法。一些需求是没有商量余地的，如监管需求、组织的政策需求或基础设施需求。另一些需求可能是锦上添花的，但不是功能所必需的
需求度量指标	记录测量需求的度量指标。例如，如果要求产品必须能够承受 150 磅的重量，则度量指标可能是，产品被设计为能够承受 180 磅的重量，并且任何导致产品承重低于 180 磅的设计或工程决策都需要客户的批准
需求追溯	确定用于将需求从其来源链接到满足需求的可交付物的信息
需求跟踪	描述跟踪需求进展的频率和技术
需求报告	描述如何进行需求报告，以及此类报告的频率
需求确认	确定用于确认需求的各种方法，如检查、审计、演示、测试等
需求配置管理	描述用于控制需求、归档、变更管理流程和批准变更所需的授权级别的配置管理系统

需求管理计划

项目名称：＿＿＿＿＿＿＿＿＿＿＿＿＿＿＿＿　日期：＿＿＿＿＿＿＿＿＿＿＿＿＿＿＿＿

需求收集

需求分析

需求分类

需求归档

需求优先级排序

需求管理计划

需求度量指标

需求追溯

需求跟踪

需求报告

需求确认

需求配置管理

2.3　进度管理计划

进度管理计划是项目管理计划的一部分，它规定了如何制定、监督与控制项目进度。规划如何管理进度至少包括：

- 进度管理方法论
- 进度管理工具
- （持续时间估算的）准确度
- 测量单位
- 偏差临界值
- 进度计划更新

进度管理计划可从以下文件获取信息：

- 项目章程
- 项目简介
- 项目管理计划

进度管理计划可为以下文件提供信息：

- 活动持续时间估算
- 项目进度计划
- 进度基准
- 风险登记册

只需编制一次进度管理计划，通常不会对其进行变更。

裁剪提示

考虑以下提示有助于裁剪进度管理计划以满足需求：

- 基于滚动式规划，增加 WBS 分解的详细程度和时间信息。
- 对于使用挣值管理的项目，应包括建立完成百分比和挣值管理（EVM）测量技术（固定公式、完成百分比、水平或投入量等）的规则信息。
- 对于混合型项目，应添加迭代持续时间、迭代计划和发布计划的信息。

一致性

进度管理计划应与以下文件保持一致：

- 项目章程
- 成本管理计划

描述

可以使用表 2.3 中的要素来编制进度管理计划。

表 2.3 进度管理计划的要素

文件要素	描 述
进度管理方法论	确定用于项目的进度管理方法论，无论是关键路径、敏捷方法论，还是两者的组合
进度管理工具	确定用于项目的进度管理工具。工具可以包括进度计划软件、报告软件、挣值管理软件等
准确度	描述估算所需的准确度。随着信息的增加，准确度会随着时间的推移而变化（渐进明细）。如果有滚动式规划指南和用于持续时间和工作量估算的细化水平，请指出随着时间的推移所需的准确度
测量单位	指出持续时间估算是以天、周、月、迭代、发布为测量单位，还是使用其他测量单位
偏差临界值	指出确定活动、工作包或整个项目是否按时，是否需要采取预防措施，或者是否延期并需要采取纠正措施的标准
进度计划更新	记录更新进度计划的过程，包括更新频率、权限和版本控制。说明维持基准完整性的指导原则，并在必要时重新变更基准
迭代和发布	记录迭代的持续时间。描述如何进行迭代规划和发布规划

进度管理计划

项目名称：_____ 日期：_____

进度方法论

进度计划工具

准确度	测量单位	偏差临界值

进度计划更新

进度管理计划

迭代和发布

发布 1 目标	
迭代 1 目标	
迭代 2 目标	
迭代 3 目标	
发布 2 目标	
迭代 1 目标	
迭代 2 目标	
迭代 3 目标	

2.4　发布计划

发布计划类似于项目路线图。作为高层级的进度计划，发布计划指明了每个需求或用户故事将被分配到哪个发布。特定发布中的元素可以根据待办事项列表中需求的相对优先级，以及处理特定需求所需资源的可用性来更新。

发布计划至少包括：

- 发布目标
- 发布日期
- 用户故事（或待办事项列表中的需求）

发布计划可以进一步细化为迭代。每个发布都有多次迭代。一旦迭代开始，就不能更改迭代中的需求或用户故事。

发布计划可从以下文件获取信息：

- 项目启动画布
- 项目章程
- 项目简介
- 项目路线图
- 项目管理计划

发布计划可为以下文件提供信息：

- 用户故事
- 待办事项列表

在开始编制产品愿景和待办事项列表后，可以制订高层级的发布计划。随着优先级的变化和新需求的确定，发布计划在整个项目中将保持一定的动态性。可以在每次迭代后更新需求或用户故事的顺序和优先级，以反映收到的绩效反馈或客户不断变化的需求。

裁剪提示

考虑以下提示有助于裁剪发布计划以满足需求：

- 随着发布计划中的信息变得更加具体，你可能希望将需求或用户故事分配到发布中的特定迭代。
- 可以将发布计划安排在"泳道"中，将每个泳道分配给特定的团队或工作流。
- 如果用时间线显示发布计划，可以显示各个用户故事或特性之间的关系。这可将每个发布的信息与进度计划信息混合在一起。
- 对于混合型项目，可将发布作为里程碑纳入整合的主进度计划。迭代可以被引入预测型进度计划，而不需要用户故事的细节。这允许在同一进度计划中显示预测型工作和适应型工作，以及预测型工作与适应型工作间的依赖关系，同时仍保持适应型工作固有的灵活性。

一致性

发布计划应与以下文件保持一致：

- 产品愿景

- 项目路线图
- 待办事项列表
- 进度管理计划

描述

可以使用表 2.4 中的要素来编制发布计划。

表 2.4　发布计划的要素

文件要素	描　述
发布目标	将成为发布计划的一部分的预期特性或功能
发布日期	既是发布及其迭代的开始和结束的时间线，也是里程碑指示器
用户故事	待办事项列表中的需求或用户故事

项目名称：＿＿＿＿＿＿＿＿＿＿＿＿＿＿＿＿＿＿＿＿＿＿＿＿＿

发布目标：此处描述发布的目标

团　队	迭代 1		迭代 2			迭代 3		迭代 4
团队 1	用户故事		用户故事	用户故事		用户故事	用户故事	用户故事
团队 2	用户故事	用户故事	用户故事	用户故事		用户故事		用户故事
团队 3	用户故事		用户故事	用户故事	用户故事	用户故事	用户故事	用户故事
团队 4	用户故事	用户故事	用户故事	用户故事		用户故事	用户故事	用户故事

注：不同的灰度表示不同的用户故事类别。

2.5　成本管理计划

成本管理计划是项目管理计划的一部分，它规定了如何估算、组织和监控项目成本。成本管理计划的信息包括：

- 测量单位
- （成本估算的）准确度
- 偏差临界值
- 绩效测量规则
- 成本报告信息和格式
- 估算成本的过程
- 制定分时间阶段预算的流程
- 监控成本的流程

此外，成本管理计划可能包括与成本和预算分配及承诺相关的权限级别信息、资金限制，以及如何和在何时记录项目成本的选项及指南。

成本管理计划可从以下文件获取信息：

- 项目章程
- 进度管理计划
- 风险管理计划

成本管理计划可为以下文件提供信息

- 成本估算
- 风险登记册

只需编制一次成本管理计划，通常不会对其进行变更。

裁剪提示

考虑以下提示有助于裁剪成本管理计划以满足需求：

- 在小型项目中，项目经理通常不管理预算。在这些情况下，不需要此模板。
- 在成本管理计划或资源管理计划中，可指明每种资源的测量单位。
- 对于使用 EVM 的项目，列出有关建立完成百分比、EVM 测量技术（固定公式、完成百分比、水平或投入量等）的规则信息。对于不使用 EVM 的项目，请删除这些内容。

一致性

成本管理计划应与以下文件保持一致：

- 项目章程
- 进度管理计划

描述

可以使用表 2.5 中的要素来编制成本管理计划。

表 2.5　成本管理计划的要素

文件要素	描　述
测量单位	表示如何测量每种类型的资源。例如，劳动量可用工时、天或周来测量。实物资源可用加仑、米、吨或任何适合材料的单位来测量。对于某些资源，可基于每次使用它时的一次性成本来测量
精确度	表示成本估算值是否可四舍五入到百位、千位或其他
准确度	描述估算所需的准确度。随着信息的增加，准确度会随着时间的推移而变化（渐进明细）。如果有滚动式规划指南和用于成本估算的细化水平，请指出随着时间的推移所需的准确度
组织程序链接	成本估算和成本估算报告应遵循 WBS 的编号结构（可能还需要遵循组织的会计准则或其他会计和报告结构）
控制临界值	指出确定活动、工作包或整个项目是否在预算内，是否需要采取预防措施，或者是否超出预算并需要采取纠正措施的标准。通常以偏离基准的百分比表示
绩效测量规则	确定 WBS 中测量进展和支出的层级。对于使用 EVM 的项目，说明是否在工作包或控制账户层级报告成本。描述将使用的测量方法，如加权里程碑、固定公式、完成百分比等。记录用于预测完工尚需估算（ETC）和完工估算（EAC）的公式
其他详细信息	描述与战略融资选择相关的变量，如自制或购买、购买或租赁、借款与使用内部融资等

成本管理计划

项目名称：_____ 编制日期：_____

测量单位	精确度	组织程序链接

控制临界值

绩效测量规则

其他详细信息

2.6 质量管理计划

质量管理计划是项目管理计划的一部分，它描述了如何实施适用的政策、程序和指南，以实现项目的质量目标。质量管理计划的信息包括：

- 质量标准（将用于项目）
- 质量目标
- 质量管理的角色和职责
- 需要进行质量审查的可交付物和过程
- 项目的质量管理和质量控制方法
- 适用的质量管理程序

质量管理计划可从以下文件获取信息：

- 项目章程
- 需求管理计划
- 风险管理计划
- 干系人参与计划
- 需求文件
- 需求跟踪矩阵
- 风险登记册

质量管理计划可为以下文件提供信息：

- 范围管理计划
- 成本估算
- 资源管理计划
- 采购文件［建议邀请书（RFP）、报价邀请书（RFQ）］

只需编制一次质量管理计划，通常不会对其进行变更。

裁剪提示

考虑以下提示有助于裁剪质量管理计划以满足需求：

- 在小型项目中，通常将质量、需求和范围当作一个方面来处理（在大型项目中，质量、需求和范围是分开的，在每个方面都有不同的"角色"和"职责"）。
- 许多行业必须遵守特定的标准。在质量管理计划中，可以引用特定的标准，也可以将其纳入组织的政策和流程。
- 质量管理计划必须与组织的质量政策、流程和程序保持一致。

一致性

质量管理计划应与以下文件保持一致：

- 项目章程
- 范围管理计划

- 需求管理计划
- 资源管理计划
- 采购文件（RFP、RFQ 等）

描述

可以使用表 2.6 中的要素来编制质量管理计划。

表 2.6　质量管理计划的要素

文件要素	描　　述
质量标准	质量标准通常由行业或产品驱动，可能是 ISO 标准、IEEE 或其他监管和行业机构的要求
质量目标	质量目标是项目或产品组件必须实现的干系人需求。目标是想要实现的目标。需要有相应的度量指标或规范，以便对成功进行定量测量
质量管理的角色和职责	定义在项目中开展质量活动所需的角色以及与每个角色相关的职责
需要进行质量审查的可交付物和过程	关键可交付物应符合与质量目标相关的度量指标或测量标准。 需要验证或确认项目使用的过程是否已正确执行，或者这些过程是否符合质量要求和目标
质量管理方法	用于管理质量过程的方法，包括对项目和产品进行质量审计的时间和内容
质量控制方法	用于测量项目和产品绩效以确保其满足质量目标的方法
适用的质量管理程序	用于项目质量管理的程序，例如： - 不符合的事项和返工 - 纠正措施 - 质量审计 - 持续改进

质量管理计划

项目名称：＿＿＿＿＿＿＿＿＿＿＿＿＿＿＿＿＿　编制日期：＿＿＿＿＿＿＿＿＿＿＿＿＿＿＿

质量标准

质量目标

可交付物	度量指标或规范	测量

质量管理的角色和职责

角色	职责

质量管理计划

需要进行质量审查的可交付物和过程

可交付物	过程

质量管理方法

质量控制方法

适用的质量管理程序

2.7 资源管理计划

资源管理计划是项目管理计划的一部分，它提供了如何分配、管理和解散团队成员及实物资源的指导。
资源管理计划的信息包括：

- 识别团队成员（包括用于识别团队资源的类型、数量和技能水平的估算方法）
- 获取和解散团队成员
- （与项目相关的）角色、职责和职权
- 项目组织结构图
- 培训需求
- 识别实物资源（包括识别资源类型、数量和等级的方法）
- 获取物质资源（包括获取资源的方法）
- 管理实物资源（包括管理库存、供应链和物流的方法）

资源管理计划可从以下文件获取信息：

- 项目建议书
- 项目章程
- 质量管理计划
- 范围基准
- 项目进度计划
- 需求文件
- 风险登记册
- 干系人登记册

资源管理计划可为以下文件提供信息：

- 项目预算
- 责任分配矩阵
- 沟通管理计划
- 风险登记册
- 采购管理计划

只需编制一次资源管理计划，通常不会对其进行变更。

裁剪提示

考虑以下提示有助于裁剪资源管理计划以满足需求：

- 如果需要为项目引入外部承包商，则应包括如何将其纳入项目的信息。还需要考虑，如何确保承包商拥有所需的所有信息，但不能访问专有信息，这可能包括保密协议或类似协议。
- 在从组织外部获取任何团队或实物资源时，需要遵守组织和项目的采购政策。
- 对于拥有大量库存、物资或材料的项目，应参考有关管理实物资源的组织政策，或者提供足够的细节以确保适当的控制。

- 对于使用敏捷方法的项目，将只对实物资源使用资源管理计划。团队通常进行自我管理，因此他们可以使用团队运作协议来记录他们将如何协同工作。

一致性

资源管理计划应与以下文件保持一致：

- WBS
- 需求文件
- 质量管理计划
- 采购管理计划

描述

可以使用表 2.7 中的要素来编制资源管理计划。

表 2.7　资源管理计划的要素

文件要素	描　　述
识别团队成员	用于识别所需的技能集和技能水平的方法，这包括估算所需资源数量的技术，如来自过去项目的信息、参数估算数据或行业标准
获取团队成员	记录员工将如何参与项目。描述内部团队成员与合同制团队成员在加入团队程序方面的任何差异
解散团队成员	记录如何管理团队成员，以及如何解散团队成员。管理方法可能有所不同，这取决于项目经理的相对权限以及团队成员是组织内部的还是合同制的。在解散团队成员时应说明知识转移的方法
角色、职责和职权	提供以下信息。 角色：确定角色或职务以及角色的简要描述。 职权：定义每个角色的决策、批准和影响层级。如替代选择、冲突管理、优先级排序、奖励和惩罚等。 职责：定义每个角色执行的活动，如工作责任、涉及的流程以及与其他角色的交接。 资格：描述承担该角色所需的任何先决条件、经验、专业执照、资历或其他资格。 能力：描述完成工作所需的具体角色或工作技能和能力。可能包括语言、技术或承担该角色所需的其他详细信息
项目组织结构图	创建层级结构图以显示项目报告流程和组织结构
培训需求	描述所需的设备、技术或公司流程方面的培训。包括如何以及在何时完成培训的信息
识别实物资源	确定完成工作所需的材料、设备和物资的方法。这包括估算所需资源量的测量标准和技术，如来自过去项目的信息、参数估算或行业标准
获取实物资源	记录如何获取设备、材料和物资。可以包括购买、租赁或从库存中提取。在获取资源时，确保与采购管理流程保持一致
管理实物资源	记录如何管理材料、设备和物资，以确保它们在需要时是可用的。可以包括适当的库存、供应链和物流信息

资源管理计划

项目名称：_____　　编制日期：_____

识别团队成员（包括估算方法）

角色	数量	技能水平
1.	1.	1.
2.	2.	2.
3.	3.	3.
4.	4.	4.
5.	5.	5.

获取团队成员的流程	解散团队成员的流程

角色、职责和职权

角色	职责	职权
1.	1.	1.
2.	2.	2.
3.	3.	3.
4.	4.	4.
5.	5.	5.

项目组织结构

资源管理计划

培训需求

识别（和估算）实物资源

资源	数量	等级
1.	1.	1.
2.	2.	2.
3.	3.	3.
4.	4.	4.
5.	5.	5.

获取实物资源

管理实物资源

2.8　沟通管理计划

沟通管理计划是项目管理计划的一部分，它描述了如何规划、组织、实施和监督项目沟通的有效性。沟通管理计划的典型信息包括：

- 干系人（及其沟通需求）
- 信息
- 方法或媒介
- 时间框和频率
- 发送人
- 常用术语表

此外，还可以包括处理敏感或专有信息的方法，以及更新沟通管理计划的方法。

沟通管理计划可从以下文件获取信息：

- 项目章程
- 项目简介
- 需求文件
- 资源管理计划
- 干系人登记册
- 干系人参与计划

沟通管理计划可为以下文件提供信息：

- 干系人登记册
- 干系人参与计划

随着干系人的加入和离开，以及沟通需求的出现和转变，沟通管理计划在整个项目中定期得到更新。

裁剪提示

考虑以下提示有助于裁剪沟通管理计划以满足需求：

- 当多个组织正在进行一个项目时，将需要额外的信息，例如：
  - 负责授权发布内部或机密信息的人员。
  - 如何处理不同的沟通硬件、软件和技术，以确保无论采用何种沟通基础设施，信息都能传递给每个人。
  - 如果面对跨国团队，在沟通管理计划中，需要考虑商业语言、货币单位、翻译和其他因素，以确保跨国家和跨文化沟通的有效性。
- 对于具有重要沟通组件的项目，你需要识别为沟通活动分配的资源、时间需求和已分配的预算。
- 对于具有复杂沟通需求的项目，可包含沟通事件序列的流程图。

一致性

沟通管理计划应与以下文件保持一致：

- 项目进度计划

- 干系人登记册
- 干系人参与计划

描述

可以使用表 2.8 中的要素来编制沟通管理计划。

表 2.8　沟通管理计划的要素

文件要素	描　述
干系人（及其沟通需求）	需要接收项目信息的人员或群体及其特定需求
信息	描述要沟通的信息，包括语言、格式、内容和详细程度
方法或媒介	描述如何传递信息，例如，电子邮件、会议、网络会议等
时间框和频率	列出提供信息的频率以及在何种情况下提供信息
发送人	列出将提供信息的人员或群体的名称
常用术语表	列出项目特有的或者以独特方式使用的任何术语或缩略词

沟通管理计划

项目名称：_____　　　编制日期：_____

干系人	信息	方法	时间框和频率	发送人

术语表或缩略语：_____

提供相关的沟通图或流程图。

2.9　风险管理计划

风险管理计划是项目管理计划的一部分，它描述了如何针对威胁和机会构建并执行风险管理活动。风险管理计划的典型信息包括：

- 方法论
- 风险管理的角色和职责
- 风险类别
- 风险管理（识别、分析和应对风险）资金
- （风险管理活动的）频率和时间
- 干系人风险偏好
- 风险跟踪和审计（跟踪和审计风险管理活动的方法）
- 概率定义
- 按目标定义影响
- 概率和影响矩阵（模板）

风险管理计划可从以下文件获取信息：

- 商业论证
- 项目章程
- 项目简介
- 项目管理计划（任何组件）
- 干系人登记册

风险管理计划可为以下文件提供信息：

- 成本管理计划
- 质量管理计划
- 风险登记册
- 干系人参与计划

风险管理计划描述了所有风险管理流程的方法，并提供了成功实施这些流程所需的关键信息。

只需编制一次风险管理计划，通常不会对其进行变更。

裁剪提示

考虑以下提示有助于裁剪风险管理计划以满足需求：

- 对于小型、简单或短期的项目，可以使用简化的风险登记册，并使用 3×3 的概率和影响矩阵，也可以在项目状态报告中列出风险信息，而不使用单独的风险报告。
- 对于更大、更长和更复杂的项目，需要建立一个稳健的风险管理流程，包括更精细的概率和影响矩阵、进度和预算基准的定量评估、风险审计和风险报告。
- 对于使用敏捷方法的项目，在每次迭代开始时和在回顾会议期间处理风险。
- 在使用敏捷方法的项目中，可能将风险称为障碍或障碍因素。

一致性

风险管理计划应与以下文件保持一致：

- 范围管理计划
- 进度管理计划
- 成本管理计划
- 质量管理计划
- 资源管理计划
- 采购管理计划
- 干系人参与计划

描述

可以使用表 2.9 中的要素来编制风险管理计划。

表 2.9　风险管理计划的要素

文件要素	描　　述
方法论	描述风险管理的方法论或方法，包括将使用的任何工具、方法或数据源
风险管理的角色和职责	记录各种风险管理活动的角色和职责
风险类别	识别用于分类和组织风险的分类组。这些可用于对风险登记册或风险分解结构（如果使用）中的风险进行分类
风险管理资金	记录执行各种风险管理活动所需的资金，例如，利用专家建议或将风险转移给第三方。还应制订有关建立、测量和分配应急储备和管理储备的协议
频率和时间	确定开展正式风险管理活动的频率和执行任何特定活动的时间
干系人风险偏好	确定组织和项目关键干系人在每个目标方面的风险临界值
风险跟踪和审计	记录如何记录风险活动以及如何审计风险管理流程
概率定义	记录如何测量和定义概率。在概率量表中包括所使用的等级和每个等级的定义。概率定义应反映干系人的风险偏好。例如： 很高——事件发生的概率为 80%或更高 高——事件发生的概率为 60%~80% 中——事件发生的概率为 40%~60% 低——事件发生的概率为 20%~40% 很低——事件发生的概率为 1%~20%
按目标定义影响	记录如何测量和定义整个项目或每个目标的影响。概率定义应反映干系人的风险偏好。在影响量表中包括所使用的等级和每个等级的定义。例如，对成本的影响： 很高——控制账户的预算超支大于 20% 高——控制账户的预算超支为 15%~20% 中——控制账户的预算超支为 10%~15%

文件要素	描　　述
按目标定义影响	低——控制账户的预算超支为 5%~10% 很低——控制账户的预算超支小于 5%
概率和影响矩阵	描述表示高风险、中风险和低风险的概率和影响的组合，以及用于确定风险优先级的评分。这还包括对风险紧急程度的评估，以表明风险事件可能发生的时间

风险管理计划

项目名称：＿＿＿＿＿＿＿＿＿＿＿＿＿＿＿＿　　编制日期：＿＿＿＿＿＿＿＿＿＿＿＿＿＿＿

方法论

风险管理的角色和职责

角色	职责
1.	1.
2.	2.
3.	3.
4.	4.

风险类别

风险管理资金

风险管理计划

应急储备协议

频率和时间

干系人风险偏好（承受能力）

风险跟踪和审计

风险管理计划

概率的定义

很高	
高	
中	
低	
很低	

按目标定义影响

	范围	质量	时间	成本
很高				
高				
中				
低				
很低				

概率和影响矩阵

很高					
高					
中					
低					
很低					
	很低	低	中	高	很高

2.10 采购管理计划

采购管理计划是项目管理计划的一部分，它描述了在采购过程中开展的活动，以及如何管理采购的各个方面。采购管理计划的典型信息包括：

- 采购整合（采购工作如何与其他项目工作协调和整合）。特别相关的有：
  - 范围
  - 进度
  - 文件
  - 风险
  - 报告
- 关键采购活动的时间安排
- 绩效指标
- 角色、职责和职权
- 假设条件和制约因素
- 法律管辖权和货币
- 风险管理（包括关切的问题，如债券或保险要求）
- 预审合格卖方列表

采购管理计划可从以下文件获取信息：

- 项目建议书
- 项目章程
- 项目启动画布
- 干系人登记册
- 范围管理计划
- 需求文件
- 需求跟踪矩阵
- 范围基准
- 项目进度计划
- 质量管理计划
- 资源管理计划
- 风险登记册

采购管理计划可为以下文件提供信息：

- 风险登记册
- 干系人登记册
- 采购策略

只需编制一次采购管理计划，通常不会对其进行变更。

裁剪提示

考虑以下提示有助于裁剪采购管理计划以满足需求：

- 对于仅使用内部资源的项目，不需要采购管理计划。
- 对于需要采购材料，但与供应商有长期采购订单的项目，不需要采购管理计划。
- 对于只有少量采购的项目，可考虑将本模板与采购策略相结合。
- 可以将采购的假设条件和制约因素与假设日志相结合。
- 要与合同管理或法律部门合作，以确保符合组织的采购政策。

一致性

采购管理计划应与以下文件保持一致：

- 范围管理计划
- 需求管理计划
- 范围基准
- 进度管理计划
- 项目进度计划
- 成本管理计划
- 成本估算
- 项目预算
- 采购策略

描述

可以使用表 2.10 中的要素来编制采购管理计划。

表 2.10　采购管理计划的要素

文件要素	描　述
采购整合	范围：定义承包商的 WBS 如何与项目的 WBS 整合。 进度：定义承包商的进度如何与项目的进度整合，包括里程碑和长周期项目。 文件：描述承包商文件如何与项目文件整合。 风险：描述风险的识别、分析和应对如何与整个项目的风险管理整合。 报告：定义承包商的状态报告如何与项目的状态报告整合
关键采购活动的时间安排	确定关键采购活动的时间表。示例包括工作说明书（SOW）的完成时间、采购文件的发布时间、提案截止日期等
绩效指标	记录用于评估卖方绩效的度量指标
角色、职责和职权	定义项目经理、承包商、采购部门及合同中的任何其他重要干系人的角色、职责和职权
假设条件和制约因素	记录与采购活动相关的假设条件和制约因素

续表

文件要素	描　　述
法律管辖权和货币	确定具有法律管辖权的地点，以及用于定价和付款的货币
风险管理	记录履约保证书或保险合同的要求，以降低风险
预审合格卖方列表	列出将使用的任何预审合格卖方

采购管理计划

项目名称：_____　　日期：_____

采购整合

领域	整合方法
范围	
进度	
文件	
风险	
报告	

关键采购活动的时间安排

日期	活动

绩效指标

事项	度量指标	测量方法

采购管理计划

角色、职责和职权

角色	职责	职权

假设条件和制约因素

类别	假设条件/制约因素

法律管辖权和货币

风险管理

预审合格卖方列表

1.

2.

3.

4.

2.11 干系人参与计划

干系人参与计划是项目管理计划的一部分，它描述了用于促进干系人有效参与决策和项目绩效的战略及行动。干系人参与计划的典型信息包括：

- 干系人参与评估矩阵（期望的和当前的关键干系人参与水平）
- 干系人（或干系人群体）的参与方法
- 干系人变更（变更干系人的范围和影响）
- 干系人的相互关系（或潜在重叠）

干系人参与计划可从以下文件获取信息：

- 项目章程
- 项目简介
- 项目愿景陈述
- 项目启动画布
- 干系人登记册
- 假设日志
- 变更日志
- 问题日志
- 资源管理计划
- 项目进度计划
- 沟通管理计划
- 风险管理计划
- 风险登记册

干系人参与计划可为以下文件提供信息：

- 需求文件
- 沟通管理计划
- 干系人登记册

根据实际需要，应在整个项目中定期更新干系人参与计划。

裁剪提示

考虑以下提示有助于裁剪干系人参与计划以满足需求：

- 对于小型项目，可能不需要干系人参与计划。可以根据需要将这些信息与沟通管理计划进行合并。
- 对于具有多个干系人（其关系重叠且交叉）的项目，制作可显示干系人相互关系的图会很有帮助。
- 对于许多高风险项目，干系人的参与对项目成功是至关重要的。对于那些有众多干系人的、交互关系复杂的和高风险的项目，需要制订一个完善的干系人参与计划。
- 对于混合型项目或使用敏捷方法的项目，许多干系人将参与产品演示。该信息应列在干系人参与计划中。

一致性

干系人参与计划应与以下文件保持一致：

- 干系人登记册
- 沟通管理计划
- 项目进度计划

描述

可以使用表 2.11 中的要素来编制干系人参与计划。

表 2.11　干系人参与计划的要素

文件要素	描　述
干系人参与评估矩阵	使用干系人登记册中的信息记录干系人。"C"为"当前的"干系人参与水平，"D"为"期望的"干系人参与水平。常用的干系人参与的描述格式如下： 不知晓。不了解项目及其潜在影响。 抵制。了解项目及其潜在影响，但抵制变更。 中立。了解项目，但既不支持也不抵制。 支持。了解项目及其潜在影响，并支持变更。 领导。了解项目及其潜在影响，并积极参与以确保项目成功
干系人的参与方法	描述用于促进每个干系人参与的方法，以使他们达到期望的参与水平
干系人变更	描述所有待定的干系人的新增、减少或变更，以及对项目的潜在影响
干系人的相互关系	列出干系人群体之间的所有关系

干系人参与计划

项目名称：_____   编制日期：_____

干系人	不知晓	抵制	中立	支持	领导

C 为当前的干系人参与水平，D 为期望的干系人参与水平

干系人的参与方法

干系人	方法

干系人变更（待定的）

干系人的相互关系

2.12 变更管理计划

变更管理计划是项目管理计划的一部分，它描述了如何管理项目的变更。变更管理计划的典型信息包括：

- 变更管理方法（包括变更控制委员会的结构和成员）
- 变更的定义
- 变更控制委员会
  - 姓名
  - 角色
  - 职责
  - 职权
- 变更管理流程
  - 提交变更请求
  - 跟踪变更请求
  - 评审变更请求
  - 处理变更请求

变更管理计划与以下文件有关：

- 变更日志
- 变更请求

变更管理计划可为以下文件提供信息：

- 项目管理计划

变更管理计划是项目管理计划的一部分，只需编制一次，通常不会对其进行变更。

裁剪提示

考虑以下提示有助于裁剪变更管理计划以满足需求：

- 如果只有几个需要配置管理的产品组件或项目文件，可以将变更管理和配置管理合并至一个计划。否则，可能需要制订一个单独的配置管理计划，并描述如何命名、跟踪和审计可配置项。
- 变更管理计划的严谨性和结构应反映产品开发的方法。对于预测型方法，严谨的变更管理方法是合适的。对于适应型方法，在变更管理计划中应考虑不断变化的范围。
- 对于混合型项目（一些可交付物将使用预测型开发方法，另一些可交付物将使用适应型开发方法），要确定那些将受变更控制的可交付物。

一致性

变更管理计划应与以下文件保持一致：

- 项目路线图
- 范围管理计划
- 需求管理计划

- 进度管理计划
- 成本管理计划
- 质量管理计划

描述

可以使用表 2.12 中的要素来编制变更管理计划。

表 2.12　变更管理计划的要素

文件要素	描　　述
变更管理方法	描述变更控制的程度，以及如何将变更控制与项目管理的其他方面相结合
变更的定义	<ul><li>进度变更：定义进度变更与进度修订。对于进度偏差，指出在何时需要通过变更控制流程来重新设定基准。</li><li>预算变更：定义预算变更与预算更新。对于预算偏差，指出在何时需要通过变更控制流程来重新设定基准。</li><li>范围变更：定义范围变更与渐进明细。对于范围偏差，指出在何时需要通过变更控制流程来重新设定基准。</li><li>项目文件变更：定义在何时更新项目管理文件，或者其他项目文件在何时需要通过变更控制流程来重新设定基准</li></ul>
变更控制委员会	<ul><li>姓名：人员姓名。</li><li>角色：在变更控制委员会中的地位。</li><li>职责：职责和需要进行的活动。</li><li>职权：批准或拒绝变更的职权层级</li></ul>
变更控制流程	<ul><li>提交变更请求：描述用于提交变更请求的流程，包括接收请求的人员以及需要使用的任何特殊表格、政策或程序。</li><li>跟踪变更请求：描述从提交到最终处理变更请求的跟踪流程。</li><li>评审变更请求：描述用于评审变更请求的流程，包括对项目目标（如进度、范围、成本等）的影响分析。</li><li>处理变更请求：描述可能的结果，如接受、推迟或拒绝</li></ul>

变更管理计划

项目名称：_____　编制日期：_____

变更管理方法

| |
| |
| |

变更的定义

| 进度变更： |
| |
| 预算变更： |
| |
| 范围变更： |
| |
| 项目文件变更： |
| |

变更控制委员会

姓名	角色	职责	职权

变更管理计划

变更控制流程

提交变更请求	
跟踪变更请求	
评审变更请求	
处理变更请求	

提供变更控制流程中使用的相关表格。

2.13　项目管理计划

项目管理计划描述了团队将如何执行、管理和结束项目。虽然项目管理计划有一些独特的信息，但它主要由所有的子管理计划和基准组成。项目管理计划将所有的信息组合在一起，形成一个整合的项目管理方法。项目管理计划的典型信息包括：

- （选定的）项目生命周期
- （关键可交付物的）开发方法
- 偏差临界值
- 基准管理
- 评审的时间和类型

项目管理计划包含管理需要特别关注的项目所有特定方面的计划。这些计划采取子管理计划的形式，可以包括：

- 变更管理计划
- 范围管理计划
- 进度管理计划
- 需求管理计划
- 成本管理计划
- 质量管理计划
- 资源管理计划
- 沟通管理计划
- 风险管理计划
- 采购管理计划
- 干系人参与计划

项目管理计划还包含基准。常见的基准包括：

- 范围基准
- 进度基准
- 成本基准
- 绩效测量基准（包括范围、进度和成本的整合基准）

此外，将用于管理项目的任何其他相关信息、特定项目的信息都记录在项目管理计划中。

项目管理计划可以从所有启动文件、子管理计划和基准中获取信息。因为项目管理计划是管理项目的基础文件，所以它也为所有子管理计划提供信息。

在进行初始项目规划时，先要创建项目管理计划。一旦确定了基准，通常不会对其进行变更，除非章程、环境或项目范围发生重大变化。

裁剪提示

考虑以下提示有助于裁剪项目管理计划以满足需求：

- 对于大型的和复杂的项目，每个子管理计划都可能是一个独立的计划。在这种情况下，可以将项目管理计划当作一个"外壳"，其中包含有关生命周期、开发方法和关键审查的信息，并为更详细的子管理计划提供参考。

- 对于小型项目，总结了项目阶段、主要可交付物、里程碑和关键审查的项目路线图可能就足够了。
- 也可以制订与项目特性相关的子管理计划，如技术管理计划、物流管理计划、安全管理计划等。
- 对于具有敏捷组件的项目，项目管理计划应描述如何将使用敏捷开发方法的可交付物与使用预测型开发方法的项目部分进行整合。

一致性

项目管理计划应与以下文件保持一致：

- 项目章程
- 项目愿景陈述
- 项目简介
- 项目路线图
- 所有子管理计划

描述

可以使用表 2.13 中的要素来编制项目管理计划。

表 2.13 项目管理计划的要素

文件要素	描 述
项目生命周期	描述用于完成项目的生命周期，可能包括以下内容： • 每个阶段的名称 • 各阶段的关键活动 • 各阶段的关键可交付物 • 进入各阶段的标准 • 退出各阶段的标准 • 各阶段的关键审查
开发方法	记录将采用的创建关键可交付物的具体方法。常见的方法包括预测型方法和适应型方法，其中预测型方法的范围是已知的和固定的，适应型方法的范围是不断变化的。还可能包括迭代型、增量型或混合型开发方法
子管理计划	列出属于项目管理计划一部分的子管理计划。可以采用"目录"的形式，链接至子管理计划的电子文件或其他计划的列表，这些计划应被视为项目管理计划的一部分，并保存为单独的文件
范围偏差临界值	定义可接受的范围偏差、应发出警告的偏差和不可接受的偏差。可以用最终产品的功能特性或期望的性能指标来表示范围偏差

文件要素	描　　述
范围基准管理	描述如何管理范围基准，包括对可接受的偏差、应发出警告的偏差和不可接受的偏差的响应。定义触发预防或纠正措施的情况，以及在何时实施变更控制流程。定义范围修订和范围变更之间的区别。通常，修订不需要与变更相同等级的批准。例如，改变颜色只是一种修订；改变功能则是一种变更
进度偏差临界值	定义可接受的进度偏差、应发出警告的偏差和不可接受的偏差。进度偏差可以用相对于基准的偏差百分比表示，包括进度浮动量或进度储备的使用情况
进度基准管理	描述如何管理进度基准，包括对可接受的偏差、应发出警告的偏差和不可接受的偏差的响应。定义触发预防或纠正措施的情况，以及在何时实施变更控制流程
成本偏差临界值	定义可接受的成本偏差、应发出警告的偏差和不可接受的偏差。成本偏差可以用相对于基准的偏差百分比表示，如 0~5%、5%~10%或大于 10%
成本基准管理	描述如何管理成本基准，包括对可接受的偏差、应发出警告的偏差和不可接受的偏差的响应。定义触发预防或纠正措施的情况，以及在何时实施变更控制流程
基准	提供所有的项目基准

项目管理计划

项目名称：_____　　编制日期：_____

项目生命周期

阶段	进入标准	退出标准
1.		
2.		
3.		
4.		
5.		

关键活动	关键可交付物	审查

开发方法

可交付物	开发方法

项目管理计划

子管理计划

名称	备注
范围	
进度	
成本	
质量	
资源	
沟通	
风险	
采购	
干系人	
其他计划	

项目管理计划

偏差临界值

范围偏差临界值	范围基准管理
进度偏差临界值	进度基准管理
成本偏差临界值	成本基准管理

基准

提供所有的项目基准。

第 3 章

项目文件

项目文件种类繁多。其中，许多文件被用于支持项目规划，如范围说明书、成本估算工作表和干系人分析。另外，在项目期间也需要使用一些项目文件，如变更请求、采购策略和资源选择标准。

本章中的模板对于使用预测型方法（如瀑布型方法）以及适应型方法（如迭代和增量开发）的项目是有帮助的。项目文件共有 16 个模板：

- 变更请求
- 需求文件
- 需求跟踪矩阵
- 项目范围说明书
- WBS（工作分解结构）词典
- 人力投入/持续时间估算
- 人力投入/持续时间估算工作表
- 成本估算
- 成本估算工作表
- 责任分配矩阵
- 团队章程
- 概率和影响评估
- 风险数据表
- 采购策略
- 资源选择标准
- 干系人分析

本章中的一些文件可以与本书中的其他模板结合使用。例如，在有些项目中，可将项目范围说明书与项目章程结合起来，或者将责任分配矩阵与资源管理计划结合起来，这样会更加有效。而另一些文件可能根本用不上，例如，小型项目不需要使用 WBS 词典，没有采购的项目不需要使用采购策略或资源选择标准。

另外，一些项目文件不太可能发生变更，如责任分配矩阵；另一些项目文件则是动态的，如风险数据表，它会随着更多风险信息的发现而得到更新。

3.1 变更请求

变更请求用于变更项目的任何方面，涉及产品组件、文件、成本、进度或项目的任何其他方面。变更请求的典型信息包括：

- 请求人
- 类别
- 变更描述
- 变更理由
- 变更影响
  - 范围
  - 质量
  - 需求
  - 成本
  - 进度
- 备注

几乎任何人都可以提出变更请求。在变更请求完成后，项目经理将该请求提交给变更控制委员会进行评审。

裁剪提示

考虑以下提示有助于裁剪变更请求以满足需求：

- 对于小型项目，可以概括描述影响以简化模板，不用包括每个子类别（范围、质量、需求等）的影响描述。
- 可以添加复选框，表示该变更是强制性的（如法律要求），还是可自由选择的。
- 可以添加字段，以描述不进行变更的影响。

一致性

变更请求应与以下文件保持一致：

- 变更管理计划
- 变更日志

描述

可以使用表 3.1 中的要素来编制变更请求。

表 3.1　变更请求的要素

文件要素	描　　述
请求人	提出变更请求的人员的姓名及其职位（如适用）
类别	勾选一个选项框，表明变更类别
变更描述	详细描述变更建议，清晰阐述变更的各个方面
变更理由	说明变更的原因
变更影响	范围：描述变更对项目或产品范围的影响
	质量：描述变更对项目或产品质量的影响
	需求：描述变更对项目或产品需求的影响
	成本：描述变更对项目预算、成本估算或资金需求的影响
	进度：描述变更对进度的影响，以及它是否会改变关键路径
备注	提供任何意见，以澄清有关变更请求的信息

变更请求

项目名称： _____　编制日期： _____

请求人： _____

类别： _____

☐范围　　　　　☐质量　　　　　☐需求

☐成本　　　　　☐进度　　　　　☐项目文档

变更描述

变更理由

变更影响

范围	☐增加	☐减少	☐调整
描述：			
质量	☐提高	☐降低	☐调整
描述：			

变更请求

需求	□增加	□减少	□调整
描述：			

成本	□增加	□减少	□调整
描述：			

进度	□提前	□推迟	□调整
描述：			

干系人影响	□高风险	□低风险	□中风险
描述：			

备注

处理意见：	□赞同	□推迟	□反对

理由

3.2 需求文件

项目的成功直接受发现和分解干系人需求，以及在确定、记录和管理产品、服务或项目结果的需求时所采取的审慎态度的影响。

需要将这些需求详细地记录下来，纳入范围基准，并对其进行测量和确认。需求文件可帮助项目经理在各项需求之间做出权衡决策，并管理干系人的期望。随着项目信息的增多，需求将得到不断细化。

在记录需求时，有必要按类别对它们进行分组。一些常见的类别包括：

- 业务需求
- 干系人需求
- 解决方案需求
- 过渡和就绪需求
- 项目需求
- 质量需求

需求文件应至少包括：

- 标识
- 需求
- 干系人
- 类别
- 优先级
- 验收标准
- 测试或验证方法
- 阶段或发布

需求文件可从以下文件获取信息：

- 项目建议书
- 项目章程
- 项目简介
- 假设日志
- 干系人登记册
- 范围管理计划
- 需求管理计划

需求文件可为以下文件提供信息：

- 干系人登记册
- 范围基准
- 质量管理计划
- 资源管理计划
- 沟通管理计划

- 风险登记册
- 采购管理计划
- 项目收尾报告

需求文件从高层级开始，可能随着项目的进展而得到细化。对于已明确定义范围的项目，高层级的需求不太可能发生变更，只需要对其进行详细说明。对于适应型项目，需求文件会在整个项目过程中不断发生演进和变更。

裁剪提示

考虑以下提示有助于裁剪需求文件以满足需求：

- 如果使用敏捷或适应型开发方法，可能要合并每个需求的发布或迭代信息。
- 对于有大量需求的项目，可能要使用需求跟踪矩阵或其他工具来表明需求之间的关系。
- 对于有许多需求或需求复杂的项目，使用自动化的需求管理过程也许会更好。
- 可以添加与需求相关的假设条件或制约因素的信息。
- 对于小型的、快速适应型的或敏捷项目，可以将需求文件与待办事项列表相结合。

一致性

需求文件应与以下文件保持一致：

- 需求管理计划
- 质量管理计划
- 需求跟踪矩阵
- 发布计划

描述

可以使用表 3.2 中的要素来编制需求文件。

表 3.2 需求文件的要素

文件要素	描　述
标识	需求的唯一标识
需求	项目必须满足的条件或能力，或者在产品、服务、结果中必须呈现的条件或能力，以满足干系人的需求和期望
干系人	干系人的姓名。如果没有，可以用职位或组织替代，直到获得更多的信息
类别	需求的类别
优先级	按优先级分组，如级别 1、级别 2 等，或者必须有、应该有、最好有等
验收标准	干系人批准的需求已满足的标准
测试或验证方法	用于验证需求是否得到满足的方法，可能包括检查、测试、演示或分析
阶段或发布	需求得到满足的阶段或发布

需求文件

项目名称： _____   编制日期： _____

标识	需求	干系人	类别	优先级	验收标准	测试或验证方法	阶段或发布

3.3　需求跟踪矩阵

在整个项目生命周期中，需求跟踪矩阵用于跟踪需求的各项属性。需求跟踪矩阵使用需求文件的信息，并跟踪如何通过项目的其他方面满足这些需求。以下模板显示了如何将需求追溯到项目目标、WBS 可交付物，以及如何对其进行验证。

另一种使用需求跟踪矩阵的方法是，跟踪需求类别之间的关系。例如：

- 业务目标与技术需求
- 功能需求与技术需求
- 需求与验证方法
- 技术需求与 WBS 可交付物

需求间跟踪矩阵可以用来记录这些信息。我将在后面给出需求间跟踪矩阵的模板。

需求跟踪矩阵可从以下文件获取信息：

- 项目章程
- 假设日志
- 干系人登记册
- 范围管理计划
- 需求管理计划
- 干系人参与计划
- 经验教训登记册

需求跟踪矩阵可为以下文件提供信息：

- 质量管理计划
- 采购工作说明书
- 变更请求

通常只需编制一次需求跟踪矩阵，在添加或修改需求时可对其进行更新。

裁剪提示

考虑以下提示有助于裁剪需求跟踪矩阵以满足需求：

- 对于复杂的项目，可能需要购买需求管理软件，以帮助管理和跟踪需求。使用纸质表格通常只对小型项目或在跟踪高层级需求时有用。
- 对于有一个或多个供应商的项目，可能需要添加字段，以明确由哪个组织负责满足相应的需求。
- 考虑一个大纲格式，其中包含上一级的业务需求以及从属于业务需求的技术需求和规范。
- 对于使用适应型流程或发布的项目，可以设置一列内容，表明需求属于发布的哪个部分。
- 对于使用待办事项列表的项目，优先级标志应与待办事项的顺序一致。

一致性

需求跟踪矩阵应与以下文件保持一致：

- 开发方法

- 需求管理计划
- 需求文件
- 发布和迭代计划
- 需求或用户故事待办事项列表

描述

可以使用表 3.3A 和表 3.3B 中的要素来编制需求跟踪矩阵和需求间跟踪矩阵，所列矩阵为业务和技术需求的示例。

表 3.3A　需求跟踪矩阵的要素

文件要素	描　　述
标识	输入唯一的需求标识
需求	记录项目必须满足的条件或能力，或者在产品、服务、结果中必须呈现的条件或能力，以满足干系人的需求或期望
来源	记录识别需求的干系人
优先级	对需求类别进行优先级排序，如级别 1、级别 2 等，或者必须有、应该有、最好有等
类别	对需求进行分类，包括功能性、非功能性、可维护性、安全性等
目标	列出在项目章程或商业论证中确定的、可以满足需求的商业目标
可交付物	明确与需求相关的可交付物
验证	描述用于测量需求满意度的指标
确认	描述已识别的需求是否满足干系人要求的技术

表 3.3B　需求间跟踪矩阵的要素

文件要素	描　　述
标识	输入唯一的业务需求标识
业务需求	记录项目必须满足的条件或能力，或者在产品、服务、结果中必须呈现的条件或能力，以满足业务需求
优先级	对业务需求类别进行优先级排序，如级别 1、级别 2 等，或者必须有、应该有、最好有等
来源	记录识别业务需求的干系人
标识	输入唯一的技术需求标识
技术需求	记录可交付物必须满足的技术性能，以满足干系人的需求或期望
优先级	对技术需求类别进行优先级排序，如级别 1、级别 2 等，或者必须有、应该有、最好有等
来源	记录识别技术需求的干系人

需求跟踪矩阵

项目名称：_____　　编制日期：_____

标识	需求	来源	优先级	类别	目标	可交付物	验证	确认

需求间跟踪矩阵

项目名称：_____　　编制日期：_____

标识	业务需求	优先级	来源	标识	技术需求	优先级	来源

3.4 项目范围说明书

项目范围说明书有助于定义和制定项目和产品的范围。项目范围说明书可以提供有关项目和每个关键可交付物的叙述性描述。该描述提供了比 WBS 和需求文件更多的背景，比项目章程更多的细节。项目范围说明书应至少包含以下信息：

- 项目范围描述
- 项目可交付物
- 产品验收标准
- 项目除外责任

项目范围说明书可从以下文件获取信息：

- 项目建议书
- 项目章程
- 项目简介
- 项目启动画布
- 范围管理计划
- 需求文件

项目范围说明书可为以下文件提供信息：

- 工作分解结构（WBS）词典

只需编制一次项目范围说明书，除非项目范围发生重大变化，否则通常不会对其更新。

裁剪提示

考虑以下提示有助于裁剪项目范围说明书以满足需求：

- 对于小型项目，可以将项目范围说明书与项目章程合并。
- 对于敏捷项目，可以将发布与迭代计划的信息结合起来。

一致性

项目范围说明书应与以下文件保持一致：

- 项目章程
- 项目建议书
- 项目章程
- 项目简介
- 项目启动画布
- 工作分解结构
- 需求文件

描述

可以使用表 3.4 中的要素来编制项目范围说明书。

表 3.4　项目范围说明书的要素

文件要素	描　　述
项目范围描述	项目范围是根据项目章程中的项目描述和需求文件中的需求渐进明细的
项目可交付物	项目可交付物是根据项目章程中的项目描述渐进明细的
产品验收标准	产品验收标准是根据项目章程中的信息渐进明细的，可以为项目的每个组件制定验收标准
项目除外责任	项目除外责任明确规定了超出产品和项目范围的事项

范围说明书

项目名称：_____ 　　编制日期：_____

项目范围描述

项目可交付物	项目验收标准

项目除外责任

3.5　WBS 词典

WBS 词典对工作分解结构提供支持。工作分解结构用于分解项目的所有工作，从项目层级开始，依次分解为更小的细节层级。WBS 可以显示为图表或大纲，其最低层级被称为工作包，工作包之上是用于报告进度的控制账户。因为 WBS 取决于工作的性质，所以本书没有提供相应的模板。

WBS 词典通过提供控制账户及其包含的工作包的详细信息来支持 WBS。WBS 词典可以提供每个工作包的详细信息或控制账户级别的摘要信息。WBS 词典中的信息可以包括以下内容：

- 工作包名称
- 工作描述
- 进度里程碑
- 相关的进度活动
- 资源需求
- 成本估算
- 质量需求
- 验收标准
- 技术信息（或参考资料）
- 合同信息

WBS 词典随着规划过程的进展而逐渐细化。一旦制定了 WBS，就可以定义特定工作包的工作说明书，但必要的活动、成本估算和资源需求可能还不清楚。因此，WBS 词典的输入比 WBS 的更详细。

可使用项目中的信息来裁剪模板，以最好地满足你的需求。

WBS 词典可从以下文件获取信息：

- 需求文件
- 项目范围说明书
- WBS
- 成本估算
- 质量指标
- 合同

WBS 词典可为以下文件提供信息：

- 风险登记册
- 采购管理计划

WBS 词典在整个项目进程中得到渐进明细。

裁剪提示

考虑以下提示有助于裁剪 WBS 词典以满足需求：

- 对于小型项目，可能不需要 WBS 词典。
- 对于使用 WBS 词典的项目，可以根据需要裁剪信息，使其具有合适的详细程度，例如，你可以只列出工作描述、成本估算、关键交付日期和分配的资源。

- 对于有外包的项目，可以将 WBS 词典看作外包可交付物的工作说明书。
- 对于使用 WBS 词典的项目，可以参考其他文件和相关章节中的技术、质量或合同信息。

一致性

WBS 词典应与以下文件保持一致：
- 工作分解结构
- 项目范围说明书
- 持续时间估算
- 项目进度计划
- 成本估算
- 项目预算
- 质量管理计划
- 资源管理计划
- 采购管理计划

描述

可以使用表 3.5 中的要素来编制 WBS 词典。

表 3.5　WBS 词典的要素

文件要素	描　　述
工作包名称	输入 WBS 中的工作包的名称
工作描述	简要描述 WBS 中的工作包的可交付物
里程碑	列出与工作包相关的所有里程碑
截止日期	列出与工作包相关的里程碑的截止日期
标识	输入唯一的活动标识——通常为 WBS 编号结构的扩展
活动	输入进度计划中的活动
团队资源	明确将参与工作包的团队成员
人工工时	输入所需的人工工时（总工作量）
人工费率	输入人工费率，通常来自成本估算
人工总计	将人工工时乘以人工费率
材料数量	输入所需的材料数量
材料成本	输入材料成本，通常来自成本估算
材料总计	将材料数量乘以材料成本
总成本	与工作包相关的人工、材料和任何其他成本的总和
质量需求	记录与工作包相关的任何质量需求或指标
验收标准	描述可交付物的验收标准，通常来自范围说明

文件要素	描　　述
技术信息	描述或引用完成工作包所需的任何技术需求或文件
合同信息	引用影响工作包的任何合同或其他协议

续表

WBS 词典

项目名称：_____　　编制日期：_____

工作包名称	工作描述

里程碑	截止日期
1.	
2.	
3.	

标识	活动	团队资源	人工			材料			总成本
			工时	费率	总计	数量	成本	总计	

质量需求

验收标准

技术信息

合同信息

3.6 人力投入/持续时间估算

人力投入估算体现了完成一项活动所需要的工作量。持续时间估算体现了完成一项活动所需要的时间。对于那些由人力资源，而不是材料或设备驱动的活动，在进行持续时间估算时通常会将人力投入估算的单位转换为天或周。要将工作小时数转换为天数，可以把总小时数除以 8；要转换为周数，就把总小时数除以 40。

可以为每个活动、工作包或控制账户编制人力投入/持续时间估算。持续时间估算至少包括：

- 标识
- 活动描述
- 持续时间估算
- 人力投入量（可选）

持续时间估算可从以下文件获取信息：

- 假设日志
- 进度管理计划
- 经验教训登记册

持续时间估算可为以下文件提供信息：

- 项目进度

随着项目进度和活动细节的细化，在整个项目进程中，编制持续时间估算。

裁剪提示

考虑以下提示有助于裁剪持续时间估算以满足需求：

- 在控制账户或阶段的层级，持续时间估算可能包括风险储备，以考虑与持续时间估算的不确定性、范围的模糊性或资源可用性相关的风险。
- 为了准确进行恰当的、满足项目需求的持续时间估算，通常要使用滚动式规划；随着项目活动信息的不断丰富，持续时间估算也不断得到细化和更新。
- 对于使用敏捷开发方法的项目，通常使用时间盒而不是持续时间估算。此外，还会使用一些不同的估算方法。

一致性

持续时间估算应与以下文件保持一致：

- 假设日志
- 成本估算

描述

可以使用表 3.6 中的要素来编制持续时间估算。

表 3.6　持续时间估算的要素

文件要素	描　　述
标识	输入唯一的标识
活动描述	对需要完成的工作进行描述
人力投入量	完成工作所需要的人力投入量；通常以小时为单位，也可以天为单位
持续时间估算	完成工作所需要的时间长度；通常以天为单位，也可以周或月为单位

持续时间估算

项目名称：_____　　编制时间：_____

标识	活动描述	人力投入量	持续时间估算

3.7 人力投入/持续时间估算工作表

在使用定量方法进行估算时，人力投入/持续时间估算工作表会很有帮助。定量方法包括：

- 参数估算
- 类比估算
- 多点估算

参数估算通过确定完成工作所需的小时数得出。工作的小时数通过以下方式计算得出：

- 将估算的小时数除以资源数量（被分配任务的人数）。
- 将估算的小时数除以资源可用时间的百分比（100%的时间、75%的时间或 50%的时间）。
- 将估算的小时数乘以绩效因子。行业专家通常会比技术水平一般的人员或新手更快地完成工作。因此，需要设置一个考虑生产率的因子。

如果考虑到大多数人在项目中只有 75%的有效工作时间，那么估算会更加准确。

类比估算可以通过比较当前的工作和以前类似的工作得出。将以前工作的规模与当前工作的预期规模进行比较。然后，根据当前工作规模与以前工作规模相差的倍数，来确定持续时间的估算值。可以考虑各种因素，如复杂性，会使估算更加准确。这种估算方法通常用于在无法获得详细信息时进行的高层级估算。

多点估算可用于解释持续时间估算中的不确定性。干系人提供乐观（O）、最有可能（M）和悲观（P）的估算。把这些估算代入方程式中以确定预期的持续时间。应根据项目需求来确定合适的方程式，常见的方程式基于贝塔分布：

$$持续时间估算 = \frac{乐观估算 + 4 \times 最有可能估算 + 悲观估算}{6}$$

持续时间估算工作表可从以下文件获取信息：

- 假设日志
- 范围和需求信息
- 进度管理计划
- 风险登记册
- 经验教训登记册

随着项目进度和活动细节的细化，在整个项目进程中编制持续时间估算。

裁剪提示

考虑以下提示有助于裁剪持续时间估算以满足需求：

- 可以裁剪多点评估，以满足项目需求。例如，如果团队以前没有做过此类型的工作，或者工作存在相关风险，则可以加大悲观估算的权重。例如，可以使用如下方程式：

$$持续时间估算 = \frac{乐观估算 + 4 \times 最有可能估算 + 3 \times 悲观估算}{8}$$

描述

可以使用表 3.7 中的要素来编制持续时间估算工作表。

表 3.7 活动持续时间估算工作表的要素

文件要素	描 述
标识	唯一的标识
参数估算	
人力投入量	输入完成工作所需的人力投入量。通常以小时为单位，也可以天为单位，如 150 小时
资源数量	记录可用资源的数量，如 2 人
可用百分比	输入资源可用的时间，通常以每天或每周可用时间的百分比计量，如 75% 的时间
绩效因子	估算合适绩效因子。人力投入量通常是根据完成工作所消耗的平均资源量来估算的，根据资源的技能水平，可以修改绩效因子。资源越熟练，绩效因子就越小。 例如，平均资源绩效因子为 1.0，高技能的资源可以更快地完成工作，在估算时可以将其工作时间乘以绩效因子 0.8，技能较低的资源需要更长的时间才能完成工作，可以将其工作时间乘以绩效因子 1.2
持续时间估算	将人力投入量除以资源数量、可用百分比和绩效因子的乘积，可以得到完成工作所需的时间。计算方程式为： 持续时间估算=人力投入量/（资源数量×可用百分比×绩效因子） 例如，人力投入量为 150 小时的工作，分配 2 人，75% 的时间可用，并且工作人员的经验丰富，那么持续时间的估算值为：150/（2×0.75×0.8）=125（小时）
类比估算	
以前活动	输入以前活动的描述。例如，建造一个 160 平方英尺的甲板
以前持续时间	记录以前活动的持续时间，如 10 天
当前活动	描述当前活动的差异之处。例如，建造一个 200 平方英尺的甲板
倍数	将当前活动的规模除以以前活动的规模，得到一个倍数，如 200/160=1.25（倍）
持续时间估算	将以前活动的持续时间乘以倍数，可得到当前活动的持续时间估算，如 10×1.25=12.5（天）
多点估算	
乐观的持续时间	确定乐观的持续时间估算。假设一切活动顺利进行，所有材料没有任何延误，所有资源都可用并将按预期运行，如 20 天
最有可能的持续时间	确定最有可能的持续时间估算。在进行大多数估算时，人们都会假设有一些延误，但所有事情都是可控的，如 25 天
悲观的持续时间	确定悲观的持续时间估算。假设存在重大风险，并且这些风险确定会导致延误，如 36 天
加权方程式	最常见的加权方程式为：$t_E = (t_O + 4t_M + t_P)/6$，如 $t_E = \dfrac{20 + 4 \times 25 + 36}{6}$
预期持续时间	根据计算结果，输入预期持续时间，如 26 天

持续时间估算工作表

项目名称：_____ 编制时间_____

参数估算				
标识	人力投入量	资源数量	可用百分比	绩效因子	持续时间估算

类比估算				
标识	以前活动	以前持续时间	当前活动	倍数	持续时间估算

多点估算				
标识	乐观的持续时间	最有可能的持续时间	悲观的持续时间	加权方程式	预期持续时间

3.8　成本估算

成本估算提供完成项目工作所需资源的成本信息，包括人工、设备、用品、服务、设施和材料。可以通过专家判断或使用定量方法对每个工作包确定一个近似值来进行估算，例如：

- 参数估算
- 类似估算
- 多点估算

成本估算应至少包括：

- 标识
- 人工成本
- 实物资源成本
- 储备
- 估算
- 估算依据
- 方法
- 假设条件/制约因素
- 范围
- 置信水平

成本估算可从以下文件获取信息：

- 成本管理计划
- 质量管理计划
- 风险登记册
- 经验教训登记册

成本估算可为以下文件提供信息：

- 项目预算

编制成本估算，并根据需要定期对其进行细化。

裁剪提示

考虑以下提示有助于裁剪成本估算以满足需求：

- 成本估算可能包括风险储备，以应对与估算的不确定性、模糊性以及项目范围或资源可用性有关的风险。
- 如果考虑质量成本、融资成本或间接成本，请将该信息添加到成本估算中。
- 在符合项目需求的准确度和精确度的基础上估算成本。滚动式规划经常用于成本估算；随着有关项目范围和资源的信息增多，成本估算也不断得到细化和更新。
- 如果使用供应商，要明确估算成本，并说明在处理费用和奖励时使用的合同类型。

一致性

成本估算应与以下文件保持一致：

- 假设日志
- 人力投入估算

描述

可以使用表 3.8 中的要素来编制成本估算。

表 3.8　成本估算的要素

文件要素	描　　述
标识	唯一标识，如 WBS 标识或活动标识
人工成本	WBS 可交付物所需的资源（人员、设备、材料）
实物资源成本	与材料、设备、用品或其他实物资源有关的成本
储备	记录风险储备的额度（如有）
估算	人工成本、实物资源成本和储备金的总和
估算依据	如每磅成本、工作持续时间、平方英尺等信息
方法	用于估算成本的方法，如类比估算、参数估算等
假设条件/制约因素	用于估算成本的假设，如需要占用资源的时间
范围	估算范围
置信水平	估算的置信度

3.9　成本估算工作表

当使用定量方法或自下而上估算时，成本估算工作表可以帮助进行成本估算。定量方法包括：

- 参数估算
- 类比估算
- 多点估算

参数估算通过将要使用的成本变动和单位成本得出。单位数量乘以单位成本可得出成本估算。

类比估算通过将当前的工作与以前类似的工作进行比较得出。将以前工作的规模与当前工作的预期规模进行比较。然后，根据当前工作规模与以前工作规模相差的倍数，来确定成本的估算值。可以考虑各种因素，如复杂性和价格上涨，会使估算更加准确。这种估算方法通常用于在无法获得详细信息时进行高层级估算。

多点估算可以用来应对成本估算中的不确定性。

干系人提供乐观（O）、最有可能（M）和悲观（P）的估算。把这些估算代入方程式中以确定预期的成本。应根据项目的需求来确定合适的方程式，常见的方程式基于贝塔分布：

$$成本估算=\frac{乐观估算+4\times最有可能估算+悲观估算}{6}$$

自下而上的估算是在工作包层级上完成的详细估算。工作包的详细信息，如技术要求、工程图纸、工期及其他直接成本和间接成本，都可用于进行更准确的估算。

成本估算工作表可从以下文件获取信息：

- 成本管理计划
- 范围和需求信息
- 项目进度计划
- 质量管理计划
- 风险登记册
- 经验教训登记册

编制成本估算工作表，并根据需要定期对其进行细化。

描述

可以使用表 3.9A 中的要素来编制成本估算工作表，可以使用表 3.9B 中的要素来编制自下而上的成本估算工作表。

表 3.9 A　成本估算工作表的要素

文件要素	描　述
标识	唯一标识，如 WBS 标识或活动标识
参数估算	
成本变动	输入成本变动的单位，如小时、平方英尺、加仑或其他可量化的单位
单位成本	记录单位成本，如 9.5 美元/小时
单位数量	输入单位数量，如 36 小时
成本估算	将单位数量乘以单位成本来计算估算值，如 9.50 美元×36=342 美元
类比估算	
以前活动	输入以前活动的描述，例如，建造一个 160 平方英尺的甲板
以前成本	记录以前活动的成本，如 5000 美元
当前活动	描述当前活动的不同之处，例如，建造一个 200 平方英尺的甲板
倍数	将当前活动的规模除以以前活动的规模，得到一个倍数，如 200/160=1.25 倍
成本估算	将以前成本乘以倍数，即可得到当前活动的成本估算。 例如，5000 美元×1.25=6250 美元
多点估算	
乐观的成本	确定乐观的成本估算，假设所有成本都已确定，材料、人工或其他成本都不会发生变动，如 4000 美元
最有可能的成本	确定最有可能的成本估算，假设存在一些成本波动，但没有异常情况发生，如 5000 美元
悲观的成本	确定悲观的成本估算，假设存在重大风险，这些风险将导致成本超支，如 7500 美元
加权方程式	对三个估算分配权重，常见的加权方法是贝塔分布，设 c 为成本，则 $c_E = (c_O + 4c_M + c_P)/6$ 例如，（4000+4×5000+7500）/6
预期成本估算	记录基于贝塔分布的预期成本估算，如 5250 美元

表 3.9 B　自下而上的成本估算工作表的要素

文件要素	描　述
标识	如 WBS 标识或活动标识
工时	输入估算的人工时长
人工费率	输入日费率或小时费率
总人工	工时乘以人工费率
材料	输入供应商的材料报价，或者将材料数量乘以单位成本
用品	输入供应商的用品报价，或者将用品数量乘以单位成本
设备	输入租赁或购买设备的报价
差旅	输入差旅费报价
其他直接成本	输入任何其他直接成本，并记录成本类型

续表

文件要素	描　述
间接成本	输入任何间接成本，如管理费用
储备	记录风险应急储备的金额（如有）
估算	将人工、材料、用品、设备、差旅、其他直接成本、间接成本和储备相加求和

成本估算工作表

项目名称：_____   编制日期：_____

参数估算

标识	成本变动	单位成本	单位数量	成本估算

类比估算

标识	以前活动	以前成本	当前活动	倍数	成本估算

多点估算

标识	乐观的成本	最有可能的成本	悲观的成本	加权方程式	预期成本估算

自下而上的成本估算工作表

项目名称：_____　　编制日期：_____

标识	工时	人工费率	总人工	材料	用品	设备	差旅	其他直接成本	间接成本	储备	估算

3.10 责任分配矩阵

责任分配矩阵（RAM）显示了工作包和团队成员之间的关系。RAM 可以根据项目的需要表明不同的参与类型。常见的类型包括：

- 负责
- 执行
- 咨询
- 资源
- 知情
- 签收

RAM 通常应引入对每个参与级别的内涵进行解释的关键词。在本节中，提供了使用 RACI（执行、负责、咨询和知情）表的示例。项目需求将决定使用何种 RAM 表。请注意，对于 RACI 表，每个工作包都应该有一个负责人，并且只有一个负责人。在 RACI 表中，负责人是唯一的。

责任分配矩阵可从以下文件获取信息：

- 范围信息
- 需求文件
- 资源管理计划
- 干系人登记册

责任分配矩阵是在规划期间编制的，随着更多有关范围和资源需求信息的了解而渐进明细。

裁剪提示

考虑以下提示有助于裁剪 RAM 以满足需求：

- 根据项目裁剪参与类型。有些项目要求对特定的可交付物进行"签收"，还有些项目只需要"批准"即可。
- 确定 RAM 中记录信息的适当层级。对于具有多个供应商和大量可交付物的大型项目，通常使用 RAM 显示 WBS 和 OBS（组织分解结构）的关系。对于小型项目，可以在可交付物或活动层级使用 RAM，这有助于输入进度信息。

一致性

RAM 应与以下文件保持一致：

- 范围信息
- 需求文件
- 采购文件（RFP、RFQ 等）

描述

可以使用表 3.10 中的要素来编制责任分配矩阵。

表 3.10　责任分配矩阵的要素

文件要素	描　　述
工作包	待分配资源的工作包名称。RAM 可以在工作包层级、控制账户层级或活动层级使用
资源	识别将参与项目工作的人员、部门或组织

责任分配矩阵

项目名称：＿＿＿＿＿＿＿＿＿＿＿＿＿＿　　编制日期：＿＿＿＿＿＿＿＿＿＿＿＿＿

	人员 1	人员 2	人员 3	人员 4	人员 N
工作包 1	R	C	A		
工作包 2		A		I	R
工作包 3		R	R	A	
工作包 4	A	R	I	C	
工作包 5	C	R	R		A

R=执行：负责执行工作的人员。

A=负责：向项目经理汇报工作的人员，他们负责确保工作按时完成、符合需求并可被接受。

C=咨询：掌握完成工作所需信息的人员。

I=知情：当工作完成时，应被告知的人员。

3.11　团队章程

团队章程（也被称为团队运作规范）用于为团队建立基本规则和指导方针。团队章程对虚拟团队和成员来自不同组织的团队特别有效。使用团队章程有助于建立有效合作的期望并使大家达成共识。团队章程的内容通常包括：

- 团队价值观和原则
- 会议指南
- 沟通指南
- 决策流程
- 冲突解决流程
- 团队规范

团队章程通常只需编制一次，如果团队成员发生较大变动则应对团队章程进行变更。项目团队应定期回顾团队章程，并相应地进行重申或更新。

裁剪提示

考虑以下提示有助于裁剪团队章程以满足需求：

- 如果让承包商在项目中扮演关键角色，在制定团队章程时应邀请他们。
- 如果组织有自己的价值观，应确保团队章程与组织价值观保持一致。
- 国际性团队可能需要花更多的时间来制定团队章程，因为不同的文化有不同的决策和解决冲突的方式。
- 使用敏捷方法的团队可以将团队章程作为团队规范或团队工作协议。对于敏捷团队，团队章程关注的是团队如何自组织和协同工作。

一致性

团队章程应与以下文件保持一致：

- 资源管理计划

描述

可以使用表 3.11 中的要素来编制团队章程。

表 3.11　团队章程的要素

文件要素	描　述
团队价值观和原则	列出团队认可的价值观和原则，包括相互尊重、用事实说话等
会议指南	明确使会议高效的指导方针，包括决策者必须到场、准时开始、遵守会议议程等
沟通指南	列出有效沟通的准则。例如，让每个人都发表观点，不控制对话，不打断别人，不使用煽动性语言等

文件要素	描　述
决策流程	描述做决策的流程。说明项目经理在决策和表决程序方面的相关权力，同时也要说明可以重新决策的情况
冲突解决流程	描述处理冲突的流程，例如，在什么时候冲突会被升级，在什么时候应该延后讨论冲突等
团队规范	关于团队如何运作的规范
其他协议	列出能够确保团队成员相互合作和有效工作的协议或方法

续表

团队章程

项目名称：_____　编制日期：_____

团队价值观和原则

1.
2.
3.
4.
5.

会议指南

1.
2.
3.
4.
5.

沟通指南

1.
2.
3.
4.
5.

决策流程

团队章程

冲突解决流程

团队规范

其他协议

3.12 概率和影响评估

概率和影响评估包括三方面内容。第一个方面是概率和影响的定义，这可能体现在风险管理计划中，如果没有风险管理计划，可以进行概率和影响评估来明确记录事件发生的可能性（概率），以及如果事件发生将对不同项目目标的影响。

第二个方面是用于在执行概率和影响评估后测算每个风险的表格。概率和影响评估可确定风险的概率和影响。概率和影响矩阵提供了一个有用的方式来查看项目中的各个风险，并对它们进行优先级排序。概率和影响矩阵可能是为了应对威胁和机会而构建的，这个矩阵中的信息将被转移至风险登记册。

另外，概率和影响矩阵还提供了项目风险数量的概述。项目团队可以通过查看矩阵中每个方格中的风险数量来了解整体的项目风险。对于在深灰区域中有许多风险的项目，将需要更多的应急措施来对冲风险，并可能需要更多的时间和预算来制定并实施风险应对措施。

第三个方面是根据概率和影响的组合所确定的风险等级（低风险、中风险和高风险）。

概率和影响评估可从以下文件获取信息：

- 风险管理计划
- 风险登记册

概率和影响评估可为风险登记册提供信息。

概率和影响评估只需编制一次，通常不会对其进行变更。

裁剪提示

考虑以下提示有助于裁剪概率和影响评估以满足需求：

- 在小型项目中，可将影响归为一类，而不按目标来区分影响。
- 对于小型项目，可以用 3×3 矩阵；对于中型项目，可以用 5×5 矩阵；对于复杂或大型项目，可以用 10×10 矩阵。
- 为了表明各种目标（通常为范围、进度、成本和质量）的相对重要性，可以在等级之间设置更小的临界值偏差范围。例如，如果成本是关键因素，可以将影响等级很低时的偏差设为 2%，低时设为 4%，中等时设为 6%，高时设为 8%，很高时设为 10%。如果成本不是关键因素，则可设置较大的临界值偏差范围，可以将影响等级很低时的偏差设为 5%，低时设为 10%，中等时设为 15%，高时设为 20%，很高时设为 25%。
- 概率和影响矩阵的编号结构可以通过创建非线性的编号结构来调整，以强调高风险。例如，可以将影响等级之间的变动量增加一倍：很低=0.5，低=1，中=2，高=4，很高=8。
- 如果有其他对项目很重要的目标，如干系人满意度，可以将它们纳入其中。有的组织将范围和质量合并为一个目标，称其为"技术"或"性能"。
- 可以通过添加紧急度信息来表明需要多快实施应对措施才能使其有效，从而使评估更加可靠。
- 可以裁剪表明风险等级（如高、中、低）的概率和影响组合，并反映组织的风险偏好。低风险偏好的组织可能将影响等级和概率等级为中和高的事件列为高风险。高风险偏好的组织可能只将概率等级和影响等级为很高的事件列为高风险。

一致性

概率和影响评估应与以下文件保持一致：

- 风险管理计划
- 风险登记册

描述

可以使用表 3.12 中的要素来编制概率和影响评估。

表 3.12　概率和影响评估的要素

文件要素		描　　述
范围影响	很高	产品不符合目标需求，毫无用处
	高	产品未满足多项基本需求
	中	产品在某个主要需求或多个次要需求方面存在缺陷
	低	产品在一些次要需求上存在缺陷
	很低	与需求基本无偏差
质量影响	很高	性能明显低于目标，毫无用处
	高	性能的主要方面未满足需求
	中	至少有一项性能需求存在缺陷
	低	存在少量性能偏差
	很低	性能基本无偏差
进度影响	很高	总进度增加 20%以上
	高	总进度增加 10%~20%
	中	总进度增加 5%~10%
	低	非关键路径已使用所有浮动时间，或者总进度增加 1%~5%
	很低	在非关键路径上出现了延误，但仍有浮动时间剩余
成本影响	很高	成本增加 20%以上
	高	成本增加 10%~20%
	中	成本增加 5%~10%
	低	成本增加，需要使用所有应急资金
	很低	成本增加，需要使用部分应急资金，应急资金仍有剩余
概率	很高	事件很可能发生，概率为 80%或以上
	高	事件可能发生，概率为 61%~80%
	中	事件有可能发生，概率为 41%~60%
	低	事件也许可能发生，概率为 21%~40%
	很低	事件不太可能发生，概率为 1%~20%

文件要素		描　述
风险评估	高	发生概率为中或以上且对任何目标能造成很高影响的事件
		发生概率为高或以上且对任何目标能造成高影响的事件
		发生概率为很高且对任何目标能造成中影响的事件
		对两个以上的目标能造成中影响的事件
	中	发生概率为很低且对任何目标能造成高或以上影响的事件
		发生概率为低且对任何目标能造成中或以上影响的事件
		发生概率为中且对任何目标能造成低至高影响的事件
		发生概率为高且对任何目标能造成很低至中影响的事件
		发生概率为很高且对任何目标能造成低或很低影响的事件
		发生概率为很低且对两个以上的目标能造成中影响的事件
	低	发生概率为中且对任何目标能造成很低影响的事件
		发生概率为低且对任何目标能造成低或很低影响的事件
		发生概率为很低且对任何目标能造成中或以下影响的事件

概率和影响评估

项目名称：_____　　　编制日期：_____

范围影响

很高	
高	
中	
低	
很低	

质量影响

很高	
高	
中	
低	
很低	

进度影响

很高	
高	
中	
低	
很低	

概率和影响评估

成本影响

很高	
高	
中	
低	
很低	

概率

很高	
高	
中	
低	
很低	

风险评估

高	
中	
低	

概率和影响矩阵

	很低	低	中	高	很高
很高					
高					
中					
低					
很低					

3.13　风险数据表

风险数据表包含已识别的特定风险的信息，这些信息来自风险登记册，并在原有基础上添加了更详细的说明。风险数据表的典型信息包括：

- 风险标识
- 风险描述
- 状态
- 风险原因
- 概率
- 影响
- 等级
- 应对策略
- 修订后的概率
- 修订后的影响
- 修订后的等级
- 负责人
- 行动
- 次生风险
- 剩余风险
- 应急计划
- 应急储备（资金、时间等）
- 弹回计划
- 备注

风险数据表可从以下文件获取信息：

- 风险注册表
- 概率和影响风险评估

根据需要编制风险数据表，并在整个风险生命周期内不断对其进行更新和细化。

裁剪提示

考虑以下提示有助于裁剪风险数据表以满足需求：

- 不是所有的项目都需要风险数据表，在必要时，可将该表当作风险登记册的扩展。
- 对于使用风险数据表的项目，并非所有风险都需要该表。风险数据表通常用于复杂风险、高等级风险或需要记录大量信息的风险。
- 可以根据需要添加或删除任何字段。

一致性

风险数据表应与以下文件保持一致：

- 风险登记册
- 概率和影响评估
- 风险报告

描述

可以使用表 3.13 中的要素来编制风险数据表。

表 3.13　风险数据表的要素

文件要素	描　　述
风险标识	输入唯一的风险标识
风险描述	提供风险的详细描述
状态	输入状态（开环或闭环）
风险原因	描述风险来源的情况或驱动因素
概率	确定事件或情况发生的概率
影响	描述对一个或多个项目目标的影响
等级	如果使用打分评价，则将概率乘以影响来确定风险等级。如果使用相对等级，则比较两者的等级（如高—低或中—高）
应对策略	描述已规划的应对风险或情况的策略
修订后的概率	确定在实施应对措施后，事件或情况发生的概率
修订后的影响	描述在实施应对措施后的影响
修订后的等级	在实施应对措施后，输入修订后的风险等级
负责人	确定负责管理风险的人员
行动	描述应对风险需要采取的任何行动
次生风险	描述在应对风险时采取应对策略所产生的新风险
剩余风险	描述在制定应对策略后的剩余风险
应急计划	制订应急计划，该计划将在发生特定事件时启动（例如，错过一个中间的里程碑）。当风险或剩余风险被接受时可启动应急计划
应急资金	防备预算超支所需的资金
应急时间	防备进度延误所需的时间
弹回计划	制订弹回计划，以便在其他应对策略失败时使用
备注	提供有关风险事件或情况的任何备注或附加信息

风险数据表

项目名称：_____　　编制日期：_____

风险标识：	风险描述：						
状态：	风险原因：						

概率	影响				等级	应对策略	
	范围	质量	进度	成本			

修订后的概率	修订后的影响				修订后的等级	负责人	行动
	范围	质量	进度	成本			

次生风险	
剩余风险	

应急计划	应急资金
	应急时间

弹回计划
备注

3.14 采购策略

采购策略是描述具体采购信息的项目文件。采购策略的典型信息包括：

- 交付方式
- 合同类型
- 采购阶段

采购策略可从以下文件获取信息：

- 项目章程
- 干系人登记册
- 项目路线图
- 需求文件
- 需求跟踪矩阵
- 范围基准
- 项目进度计划
- 资源管理计划

采购策略可为以下文件提供信息：

- 项目进度计划
- 项目预算
- 风险登记册

根据需要，为每次采购编制一次采购策略。

裁剪提示

考虑以下提示有助于裁剪采购策略以满足需求：

- 对于仅使用内部资源的项目，不需要制定采购策略。
- 对于只有少量采购的项目，可考虑将本节给出的模板与采购管理计划相结合。
- 对于简单的采购，或者已与供应商成功合作较长时间的采购，可以不需要正式的采购策略；若与前面的情况相反，则可以将采购策略作为合同的一部分记录在工作说明书中。
- 与合同或法律部门合作，确保遵守组织的采购政策。

一致性

采购策略应与以下文件保持一致：

- 项目章程
- 项目路线图
- 需求文件
- 需求跟踪矩阵
- 进度管理计划
- 成本管理计划

- 资源管理计划
- 采购管理计划

描述

可以使用表 3.14 中的要素来编制采购策略。

表 3.14　采购策略的要素

文件要素	描　　述
交付方式	- 专业服务：描述承包商将如何与买方合作。例如，在合资企业中，当仅作为代表时，是否允许分包许可。 - 建设服务：描述交付的限制，如设计—建造、设计—招标—建造等
合同类型	描述合同类型，如固定费用、激励费用或奖励费用等，以及与费用相关的标准。常见的合同类型包括： - **总价合同** 　o 固定总价（FFP） 　o 总价加激励费用（FPIF） 　o 总价加经济价格调整（FP-EPA） - **成本补偿合同** 　o 成本加固定费用（CPFF） 　o 成本加激励费用（CPIF） 　o 成本加奖励费用（CPAF） - **工料合同（T&M）**
采购阶段	列出采购阶段、里程碑、可进入下一阶段的标准，以及对每个阶段的测试或评估，包括所需的任何知识转移需求

采购策略

项目名称：_____编制日期：_____

交付方式

合同类型

□FFP	□FPIF	□FP-EPA	□CPFF	□CPIF	□CPAF	□T&M	□其他

激励或奖励费用	标准

采购阶段（生命周期）

阶段	进入标准	关键可交付物或里程碑	退出标准	知识转移

3.15　资源选择标准

资源选择标准是买方提出的一组指标，卖方必须满足或超过这些指标才可能中标。资源选择标准模板有助于确定投标书的评估标准，它也可用于对投标书进行评级。该过程涉及多个步骤：

1. 确定评估投标书的标准。
2. 为每个标准分配权重，所有标准的权重总和必须为 100%。
3. 确定每个标准的评级范围，如 1~5 或 1~10。
4. 定义每个等级所需的绩效。
5. 根据标准评估每份投标书，并对其进行相应的评级。
6. 针对每个标准，将权重乘以相应的等级，得出分数。
7. 将各项分数加总，总分最高者中标。

评估标准通常包括以下内容：

- 能力和产能
- 产品成本和生命周期成本
- 交付日期
- 技术专长
- 以往的经验
- 建议的方法和工作计划
- 关键员工的资质、可用性和能力
- 财务稳定性
- 管理经验
- 培训和知识转移

为每项主要采购编制资源选择标准。

裁剪提示

考虑以下提示有助于裁剪资源选择标准以满足需求：

- 对于不复杂的小型采购，可能不需要使用带有权重的资源选择标准模板。
- 对于国际采购，可能还要了解当地的法律法规，并提供相应的经验和人脉关系。
- 对于建筑项目，或者有许多物流服务的项目，可以将物流管理作为选择标准。

一致性

资源选择标准应与以下文件保持一致：

- 需求文件
- 范围基准
- 项目进度计划
- 资源管理计划
- 采购管理计划

- 采购策略

描述

可以使用表 3.15 中的要素来编制资源选择标准。

表 3.15　资源选择标准的要素

文件要素	描　述
标准	1：对于标准的评级范围，描述 1 的含义。例如，以经验为例，可能意味着投标人以前没有经验。 2：对于标准的评级范围，描述 2 的含义。例如，以经验为例，可能意味着投标人做过 1 项类似的工作。 3：对于标准的评级范围，描述 3 的含义。例如，以经验为例，可能意味着投标人做过 3~5 项类似的工作。 4：对于标准的评级范围，描述 4 的含义。例如，以经验为例，可能意味着投标人做过 5~10 项类似的工作。 5：对于标准的评级范围，描述 5 的含义。例如，以经验为例，可能意味着做这项工作属于投标人的核心能力
权重	输入每个标准的权重，所有标准的权重总和为 100%
候选人等级	根据上述标准输入等级
候选人得分	将权重乘以等级
总分	汇总每个候选人的得分

资源选择标准

项目名称：_____　编制日期_____

	1	2	3	4	5
标准 1					
标准 2					
标准 3					

	权重	候选人 1 等级	候选人 1 得分	候选人 2 等级	候选人 2 得分	候选人 3 等级	候选人 3 得分
标准 1							
标准 2							
标准 3							
总分							

3.16 干系人分析

干系人分析用于对干系人进行分类，以及填写干系人登记册。分析干系人也有助于为干系人群体规划干系人参与。

以下示例用于评估干系人的相对权力（大或小）、利益（多或少）和态度（友好或敌对）。还有许多其他方法可以用来对干系人进行分类。例如：

- 影响/作用
- 权力/紧迫性/合法性

干系人分析可从以下文件获取信息：

- 项目章程
- 采购文档

在项目开始时启动干系人分析，随着干系人的变化以及干系人信息的增加而更新。

裁剪提示

考虑以下提示有助于裁剪干系人分析以满足需求：

- 对于具有同类干系人的项目，可以使用 2×2 的网格图，该网格图只涉及两个变量，如利益和影响。
- 对于大型项目，可以考虑使用 3×3×3 的干系人立方体图。需要裁剪分类以反映不同干系人的重要性。
- 对于小型项目，可以将干系人分析与干系人登记册相结合。

一致性

干系人分析应与以下文件保持一致：

- 干系人登记册
- 干系人参与计划

描述

可以使用表 3.16 中的要素来编制干系人分析。

表 3.16 干系人分析的要素

文件要素	描　　述
姓名或角色	干系人的姓名、所在的组织或群体
利益	干系人对项目的关注程度
影响	干系人能够驱动或影响项目成果的程度
态度	干系人对项目的支持程度

干系人分析

项目名称：_____　　编制日期：_____

姓名或角色	利益	影响	态度

3.17 用户故事

用户故事是对期望成果的简要描述，是从干系人的角度记录的。用户故事使干系人的需要在整个开发过程中都是可见的。

用户故事包含以下信息：

- 干系人
- 需要/想要
- 收益

用户故事通常采用以下格式：

作为（干系人），我想要（需要/想要），这样我才能获得（收益）。

可以将用户故事保存在待办事项列表中，并由产品负责人确定开发工作的优先级。

用户故事可从以下文件获取信息：

- 项目愿景陈述
- 项目启动画布
- 需求文件
- 干系人登记册

用户故事可为以下文件提供信息：

- 待办事项列表

在项目开始时编制用户故事，在整个项目中，随着干系人的需要得到澄清和演化而更新用户故事。

裁剪提示

考虑以下提示有助于裁剪用户故事以满足需求：

- 可以将用户故事记录在索引卡上，也可以将其记录在为敏捷项目专门设计的软件中。
- 可以为故事点估算、分配给用户故事的迭代、负责人和完成标准（完成的定义）添加空间。

一致性

用户故事应与以下文件保持一致：

- 需求文件
- 范围信息

描述

可以使用表 3.17 中的要素来编制用户故事。

表 3.17 用户故事的要素

文件要素	描述
干系人	有需要或需求的个人或群体。干系人可以代表特定干系人的角色、职位或姓名
需要/想要	描述干系人需要或想要一个特性或功能来做什么

续表

文件要素	描　述
收益	描述特性或功能将提供的价值

用户故事

作为	_____
我想要	_____
这样我才能获得	_____

3.18 回顾

回顾是在每次迭代（冲刺）结束后执行的活动。回顾提供了一个安全的环境，可以探讨在上一次迭代中有效的及可以改进的工作。回顾使团队保持一致，并能够不断改进。

通常，可将信息记录在便签上，或者记录在远程团队使用的软件中。有几种常见的回顾方法，"海星法"可收集以下信息：

- 启动
- 停止
- 保留
- 更多
- 更少

"4L 法"也是一种常见的回顾方法，在使用该方法时，团队成员将记录以下信息：

- 喜欢的
- 学到的
- 缺失的
- 渴望的

有许多回顾方法，但无论使用哪种方法，回顾的目的都是让团队参与绩效改进，以便团队在后续的每次迭代中提高效率。

一致性

回顾应与以下文件保持一致：

- 经验教训报告
- 项目收尾

描述

可以使用表 3.18 中的要素来编制回顾（以海星法为例）。

表 3.18　海星法的要素

文件要素	描　　述
启动	团队将实施的行动或行为
停止	团队将停止的行动或行为
保留	团队应继续进行的实践
更多	团队应更频繁进行的实践
更少	团队应减少的实践

回顾（海星法）

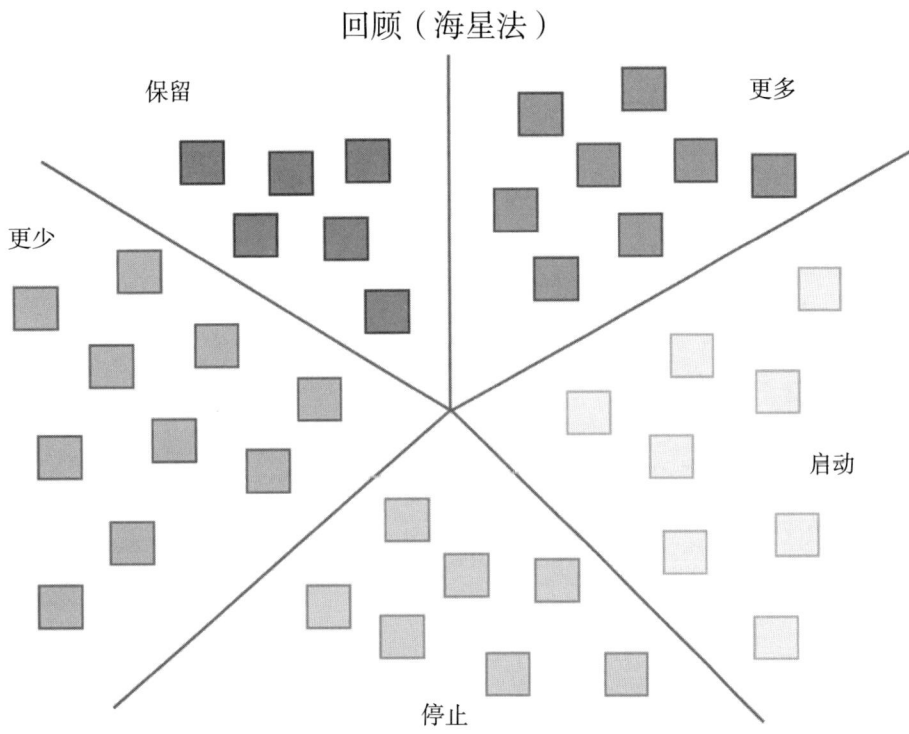

回顾（4L 法）

项目名称：_____ 编制日期：_____

喜欢的	学到的	缺失的	渴望的

第 **4** 章

日志和登记册

日志和登记册非常有助于跟踪不断变化的信息。日志和登记册都属于动态文件，它们在项目开始时被创建，并在整个项目中得到更新。

本章提到的大多数模板对瀑布型和适应型项目都很适用。示例包括假设日志、决策日志和问题日志（在使用敏捷方法的项目中，问题日志也被称为障碍日志）。待办事项列表主要用于敏捷项目，变更日志主要用于预测型项目。本章给出了以下 8 个模板：

- 假设日志
- 待办事项列表
- 变更日志
- 决策日志
- 问题日志
- 干系人登记册
- 风险登记册
- 经验教训登记册

可以将本章介绍的几个模板组合成一个文件，尤其是在使用电子表格创建文件时，可为每个工作表都添加一个日志信息。例如，RAID 日志包含：

- 风险日志
- 假设日志
- 问题日志
- 决策日志

你可能发现，有几个日志存在相互作用，例如，未经验证的假设可能成为风险。已发生的风险可能被视为一个问题。在这些情况下，最好关闭一个日志中的某个事项，并注明该事项已被移动至另一个日志。在新日志的"备注"栏，注意某个事项是否来自不同的日志或登记册是很有帮助的。

4.1 假设日志

假设条件是指当前未经验证但仍被视为真实、有效的因素。制约因素也被记录在假设日志中，是影响项目执行的限制因素。典型的制约因素包括事先确定的预算或可交付物的固定里程碑。假设日志中的信息包括：

- 标识
- 类别
- 假设条件/制约因素
- 负责人
- 到期日
- 行动
- 状态
- 备注

假设条件可以来自项目中的任何文件，也可以由项目团队决定。制约因素可以记录在项目章程中，并由客户、发起人或监管机构确定。

假设日志可为以下文件提供信息：

- 需求文件
- 项目范围说明书
- 持续时间估算
- 项目进度计划
- 质量管理计划
- 资源估算
- 风险登记册
- 干系人参与计划

假设日志是一个动态文件，在整个项目中都会对其进行更新。假设条件在整个项目中渐进明细，当它们最终被验证时，它们就不再是假设条件。

裁剪提示

考虑以下提示有助于裁剪假设日志以满足需求：

- 将假设日志与问题登记册和决策日志相结合，可创建 AID 日志（A=假设条件，I=问题，D=决策）。可以使用电子表格创建该日志（每个表格分别对应假设条件、问题或决策）。
- 对于规模非常大的项目，你可能希望将制约因素和假设条件分别保存在一个单独的日志中。

一致性

假设日志应与以下文件保持一致：

- 项目章程
- 项目简介

- 问题日志
- 风险登记册

描述

可以使用表 4.1 中的要素来编制假设日志。

表 4.1　假设日志的要素

文件要素	描　述
标识	输入唯一的假设日志标识
类别	假设条件或制约因素的类别
假设条件/制约因素	对假设条件或制约因素的描述
负责人	负责跟进假设条件以验证其是否属实的人员
到期日	需要验证的假设条件的日期
行动	验证假设条件所需采取的行动
状态	假设条件的状态，如活跃、已转移或关闭
备注	与假设条件或制约因素相关的任何其他信息

假设日志

项目名称：_____　　编制日期：_____

标识	类别	假设条件/ 制约因素	负责人	到期日	行动	状态	备注

4.2　待办事项列表

当项目使用适应型方法（如敏捷）时，就会用到待办事项列表，以确定工作的优先级。在项目开始时编制待办事项列表（通常与产品愿景一起编制）。待办事项列表用于输入所有需求，以便对其进行优先级排序。

产品待办事项列表至少包括：

- 标识
- 概述
- 优先级
- 状态

在项目开始时编制待办事项列表，并在整个项目进行过程中对其进行更新。

裁剪提示

考虑以下提示有助于裁剪待办事项列表以满足需求：

- 在待办事项列表中可以有用户故事，而不仅是使用需求。另外，也可以使用需求待办事项列表，并设置一列来表明每个需求所关联的用户故事。
- 可以说明需求将被合并到哪次迭代或发布中，以提供更多的细节。
- 需要明确能从需求中获益的用户类型，如客户、管理员、经理等。
- 对于大型项目，待办事项列表有助于对需求进行分类，因此增加一列来说明类别可能是有用的。

一致性

待办事项列表应与以下文件保持一致：

- 产品愿景
- 项目路线图
- 发布计划

描述

可以使用表 4.2 中的要素来编制待办事项列表。

表 4.2　产品待办事项列表的要素

文件要素	描　　述
标识	输入唯一的标识
概述	对需求或需要的简要描述，不应超过一句或两句话
优先级	对需求进行优先级或等级排序的方式，可以用高、中、低来表示，也可以用 1、2、3 来表示
状态	说明需求的状态（尚未开始执行、正在执行或已完成）

待办事项列表

项目名称：_____　　编制日期：_____

标识	概述（如需求概述）	优先级	状态

4.3　变更日志

变更日志用于跟踪从变更请求到最终决策所产生的变更。变更日志的典型信息包括：

- 标识
- 类别
- 描述
- 请求者
- 提交日期
- 状态
- 处置

变更日志与以下文件有关：

- 变更请求
- 变更管理计划

变更日志是一个动态文件，在整个项目中都会对其进行更新。

裁剪提示

考虑以下提示有助于裁剪变更日志以满足需求：

- 在变更日志中可以增加来自变更请求的其他摘要信息，如对成本或进度的影响。
- 可以增加一个复选框，以表明变更是强制性的（如法律要求）还是可自由选择的。
- 变更日志可以用来记录信息以跟踪配置管理，例如，哪些可配置项会受到影响。
- 在有些 IT 项目中，可增加一个字段以描述变更是否用于修复错误。

一致性

变更日志应与以下文件保持一致：

- 变更管理计划
- 变更请求

描述

可以使用表 4.3 中的要素来编制变更日志。

表 4.3　变更日志的要素

文件要素	描述
标识	输入唯一的变更标识
类别	输入在变更请求表中列出的类别
描述	描述建议的变更
请求者	输入变更请求者的姓名
提交日期	输入提交变更的日期

续表

文件要素	描　　述
状态	输入状态，如开放、挂起、关闭
处置	输入变更请求的结果，如批准、推迟或拒绝

变更日志

项目名称：_____　　编制日期：_____

标识	类别	描述	请求者	提交日期	状态	处置

4.4 决策日志

在开发产品或管理项目时，通常会有替代方案。使用决策日志有助于跟踪所做的决策、谁做的决策，以及何时做的决策。决策日志可以包括：

- 标识
- 类别
- 决策
- 负责人
- 日期
- 备注

决策日志有助于管理项目的日常活动。决策日志是一个动态文件，在项目开始时被创建，并在整个项目进行中得到维护。

裁剪提示

考虑以下提示有助于裁剪决策日志以满足需求：

- 对于大型的、复杂的项目，可以增加字段，以识别决策对可交付物或项目目标的影响。
- 可以增加字段，以记录哪些干系人会受到决策的影响，哪些干系人应参与决策，或者哪些干系人应被告知决策。

一致性

决策日志应与以下文件保持一致：

- 项目范围说明书
- 责任分配矩阵
- 沟通管理计划
- 问题登记册

描述

可以使用表 4.4 中的要素来编制决策日志。

表 4.4　决策日志的要素

文件要素	描　　述
标识	输入唯一的决策标识
类别	记录决策类型，如技术、项目、过程等
决策	提供决策的详细说明
负责人	识别被授权做出决策的人员
日期	输入做出决策和授权的日期
备注	输入任何进一步的信息，以澄清决策、替代方案、决策的原因及决策的影响

决策日志

项目名称：_____　编制日期：_____

标识	类别	决策	负责人	日期	备注

4.5 问题日志

问题日志用于记录和跟踪问题。所谓的问题是指，可能对项目目标产生影响的当前条件或情况，如有争议或正在讨论的问题或事项、对立的观点或分歧。另外，已经发生的、现在必须处理的风险事件也可能引发问题。问题日志包括：

- 标识
- 类型
- 问题描述
- 优先级
- 对目标的影响
- 负责人
- 状态
- 解决日期
- 最终解决方案
- 备注

问题日志是一个动态文件，在项目开始时被创建，并在整个项目进行中得到维护。

裁剪提示

考虑以下提示有助于裁剪问题日志以满足需求：

- 可能需要添加有关问题来源的信息。
- 可以添加一个字段，以记录哪些干系人会受到问题的影响或应参与解决问题。
- 对于混合型项目或使用敏捷方法的项目，在提及问题时，可以使用术语"障碍"或"障碍因素"。

一致性

问题日志应与以下文件保持一致：

- 风险登记册
- 决策日志
- 经验教训登记册

描述

可以使用表 4.5 中的要素来编制问题日志。

表 4.5 问题日志的要素

文件要素	描　　述
标识	输入唯一的问题标识
类型	记录问题类型或类别，如干系人问题、技术问题、冲突等
问题描述	提供问题的详细描述

文件要素	描　述
优先级	定义优先级，如紧急、高、中或低
对目标的影响	明确问题将影响的项目目标和影响程度
负责人	明确被指派解决问题的人员
状态	表明问题的状态：开放或关闭
解决日期	记录需要解决问题的日期
最终解决方案	描述解决问题的措施
备注	在表单中记录关于问题、解决方案或其他方面的澄清意见

问题日志

项目名称：_____ 编制日期：_____

标识	类型	问题描述	优先级	对目标的影响

负责人	状态	解决日期	最终解决方案	备注

4.6　干系人登记册

干系人登记册用于识别那些受项目影响的人员和组织，并记录每个干系人的相关信息。相关信息可以包括：

- 姓名
- （在组织中的）职位
- （在项目中的）角色
- 联系信息
- （干系人的主要）需求
- （干系人的）期望
- （每个干系人的）分类

在项目初期，没有足够的信息来完成干系人登记。随着项目的进行，将获得更多的信息以了解每个干系人的需求、期望和分类，干系人登记册也会变得越来越完善。

干系人登记册可从以下文件获取信息：

- 项目章程
- 项目启动画布
- 采购文件

它与干系人分析有关。

干系人登记册可为以下文件提供信息：

- 需求文件
- 质量管理计划
- 沟通管理计划
- 风险管理计划
- 风险登记册
- 干系人参与计划

干系人登记册是一个动态的文件。干系人及他们的影响、需求和分类在整个项目中都可能发生变化。

裁剪提示

考虑以下提示有助于裁剪干系人登记册以满足需求：

- 可以将组织中的职位与项目中的角色相结合，尤其是当项目的规模较小，并且每个人都互相了解时。
- 可以将干系人分析信息与干系人登记相结合。
- 对于小型项目，可以将干系人登记册与沟通管理计划相结合。
- 对于小型的内部项目，可以省略职位、角色和联系信息。

一致性

干系人登记册应与以下文件保持一致：

- 项目章程

- 干系人分析
- 干系人参与计划

描述

可以使用表 4.6 中的要素来编制干系人登记册。

表 4.6　干系人登记册的要素

文件要素	描　述
姓名	干系人姓名。如果暂时没有，可以用干系人的职位或所属组织的名称替代，直到获得更多的信息
职位/角色	干系人在组织中的职位或角色，如程序员、人力资源分析师或质量保证专家。角色表示干系人在项目团队中所起的作用，如测试负责人、敏捷教练或进度规划师
联系信息	如何与干系人沟通，例如，提供干系人的电话号码、电子邮件地址或通信地址
需求	对项目或产品的高层级需求
期望	对项目或产品的主要期望
分类	在一些项目中可能将干系人的态度分为友好、敌对或中立；在另一些项目中可能将干系人的影响分为高、中或低

干系人登记册

项目名称：_____　　编制日期：_____

姓名	职位/角色	联系信息	需求	期望	分类

4.7 风险登记册

风险登记册用于记录单个风险的详细信息，包括风险分析、风险应对计划、实施应对措施和当前状态的结果。它用于跟踪项目过程中已识别风险的信息。风险登记册的典型信息包括：

- 风险标识
- 风险说明
- 风险负责人
- 概率
- 影响
- 等级
- 应对
- 修订后的概率
- 修订后的影响
- 修订后的等级
- 行动
- 状态
- 备注

风险登记册可从项目环境中的任何地方获取信息，包括启动文件。需要特别审查的一些输入文件包括：

- 假设日志
- 问题日志
- 经验教训登记册
- 需求管理计划
- 需求文件
- 范围信息
- 进度管理计划
- 持续时间估算
- 进度计划
- 成本管理计划
- 成本估算
- 预算
- 质量管理计划
- 资源管理计划
- 风险管理计划
- 采购文件
- 合同
- 干系人登记册

风险登记册可为以下文件提供信息：

- 范围说明书
- 持续时间估算
- 成本估算
- 质量管理计划
- 资源需求
- 风险报告
- 采购管理计划
- 干系人参与计划
- 经验教训登记册
- 项目收尾

在项目开始时编制风险登记册，在整个项目中对其进行更新。

裁剪提示

考虑以下提示有助于裁剪风险登记册以满足需求：

- 可能需要添加关于风险来源的信息。
- 对于混合型项目或使用敏捷方法的项目，在提及风险时，可以使用术语"障碍"或"障碍因素"。

一致性

风险登记册应与以下文件保持一致：

- 项目预算
- 问题日志
- 假设日志
- 决策日志
- 经验教训登记册

描述

可以使用表 4.7 中的要素来编制风险登记册。

表 4.7　风险登记册的要素

文件要素	描　　述
风险标识	输入唯一的风险标识
风险说明	描述风险事件或条件。通常可表述为"事件可能发生，并产生影响"或"如果条件成立，则事件可能发生，并产生影响"
风险负责人	负责管理和跟踪风险的人
概率	确定事件或条件发生的可能性
影响	描述对一个或多个项目目标的影响

文件要素	描 述
等级	如果使用打分评价，可用概率乘以影响来确定风险等级。如果使用相对等级，则将两个分值进行组合（如高—低或中—高）
应对	描述已规划的针对风险或条件的应对策略
修订后的概率	确定实施应对措施后事件或条件发生的可能性
修订后的影响	描述实施应对措施后的影响
修订后的等级	确定实施应对措施后的风险等级
行动	描述应对风险所需采取的任何等级
状态	输入状态：开放或关闭
备注	提供有关风险事件或条件的任何备注或其他有用信息

风险登记册

项目名称：_____　编制日期：_____

风险标识	风险说明	风险负责人	概率	影响				等级	应对
				范围	质量	进度	成本		

修订后的概率	修订后的影响				修订后的等级	责任方	行动	状态	备注
	范围	质量	进度	成本					

4.8 经验教训登记册

经验教训登记册用于记录挑战、问题、良好实践，以及可以在当前项目中使用的其他信息，可供其他项目借鉴以避免重复犯错。它可以在组织中共享，以改进组织的流程和程序。经验教训可以面向项目，也可以面向产品，包括关于风险、问题、采购、质量缺陷及其他领域的绩效信息。经验教训登记册包括：

- 标识
- 类别
- 触发源
- 经验教训
- 负责人
- 备注

经验教训登记册是一个动态文件，在整个项目中对其进行更新。

裁剪提示

考虑以下提示有助于裁剪经验教训登记册以满足需求：

- 可以添加识别经验教训的人员信息，特别是当识别经验教训的人员与使用经验教训的人员不同时。
- 记录可以在下次使用的机会和预期使用的日期，确保该信息不仅被记录下来，而且还会在行动中得到使用。
- 可以添加一个复选框，表明经验教训是否会影响组织的系统、政策或实践，是否可以在不通过组织上报的情况下使用。

一致性

经验教训登记册应与以下文件保持一致：

- 变更管理计划
- 变更日志
- 问题日志
- 决策日志
- 经验教训报告

描述

可以使用表 4.8 中的要素来编制经验教训登记册。

表 4.8　经验教训登记册的要素

文件要素	描　　述
标识	输入唯一的经验教训标识
类别	记录经验教训的类别，如过程、技术、环境、干系人、阶段等
触发源	描述导致挑战、问题或有益成果的背景、事件或条件

文件要素	描　　述
经验教训	指出可供其他项目和组织借鉴的经验教训
负责人	识别被指派实施任何变更的人员，以确保经验教训得到传递和分发
备注	在表单中记录关于挑战、问题、良好实践或其他方面的任何备注

经验教训登记册

项目名称：_____　　编制日期：_____

标识	类别	触发源	经验教训	负责人	备注

第 5 章

报告和审计

所有项目都需要报告项目状态，而在使用预测型方法的项目中，更有可能使用报告来交流项目的状态。对于小型项目，团队成员进展报告和项目状态报告就足够了，对于大型项目，可以使用挣值分析报告和风险报告。

并非所有项目都要接受审计，需要审计的往往是那些规模更大的项目。审计可以在项目层级进行，也可以在项目管理办公室（PMO）、项目集或项目组合层级进行。

本章提供 12 个与报告和审计相关的模板：

- 团队成员进展报告
- 项目状态报告
- 偏差分析报告
- 挣值分析报告
- 风险报告
- 承包商状态报告
- 合同收尾报告
- 经验教训报告
- 项目收尾报告
- 质量审计
- 风险审计
- 采购审计

团队成员进展报告和项目状态报告应遵循一定的报告节奏，如每月一次。根据需要使用项目收尾报告和经验教训报告。在项目期间不太可能需要更改报告和审计的格式。

5.1 团队成员进展报告

团队成员进展报告由团队成员填写，并定期提交给项目经理。在当前报告期，它可跟踪进度、质量和成本状态，并为下一个报告期提供计划信息。团队成员进展报告还可以识别在当前报告期出现的新风险和新问题，其典型信息包括：

- 在当前报告期计划开展的活动
- 在当前报告期完成的活动
- 在当前报告期计划开展但未完成的活动
- 活动偏差的根本原因
- 在当前报告期支出的资金
- 在当前报告期计划支出的资金
- 资金偏差的根本原因
- 在当前报告期发现的质量偏差
- 计划的纠正或预防措施
- 为下一个报告期计划的活动
- 为下一个报告期计划的成本
- 新识别的风险
- 新识别的问题
- 备注

通常由项目经理将这些信息汇编成项目状态报告。团队成员进展报告在整个项目中以预设的时间间隔进行提交。

裁剪提示

考虑以下提示有助于裁剪团队成员进展报告以满足需求：

- 可以为"上报"添加一个字段，以识别那些需要上报到发起人、项目集经理或其他适当人员的领域。
- 有些报告会包括一个字段来记录所做的决策，可将这些信息转移至项目的决策日志。
- 如果组织有健全的知识管理流程，可以考虑添加字段来描述知识转移或经验教训，可将这些信息转移至组织的知识库或经验教训登记册。

一致性

团队成员进展报告应与以下文件保持一致：

- 项目进度计划
- 成本估算
- 项目预算
- 问题日志
- 风险登记册
- 项目状态报告
- 偏差分析报告
- 挣值分析报告

描述

可以使用表 5.1 中的要素来编制团队成员进展报告。

表 5.1　团队成员进展报告的要素

文件要素	描　述
在当前报告期计划开展的活动	列出在此期间计划开展的所有活动，包括要开始的、持续中的或要完成的工作
在当前报告期完成的活动	列出在此期间完成的所有活动，包括已开始的、持续中的或已完成的工作
在当前报告期计划开展但未完成的活动	列出在此期间已计划开展但尚未开始的、没有持续的或未完成的所有活动
活动偏差的根本原因	对于未按计划完成的任何工作，识别其偏差的原因
在当前报告期支出的资金	记录在此期间支出的资金
在当前报告期计划支出的资金	记录在此期间计划使用的资金
资金偏差的根本原因	对于超出或少于计划的任何支出，识别其偏差的原因。包括人力偏差与材料偏差的信息。确定估算的依据或假设条件是否准确
在当前报告期发现的质量偏差	识别任何产品性能或质量方面的偏差
计划的纠正或预防措施	确定所需的任何措施，以弥补成本、进度或质量偏差，或者预防未来的偏差
为下一个报告期计划的活动	列出在下一期间计划的所有活动，包括要开始的、持续中的或要完成的工作
为下一个报告期计划的成本	确定在下一期间计划支出的资金
新识别的风险	识别已出现的任何新风险。新风险也应记录在风险登记册中
新识别的问题	识别已出现的任何新问题。新问题也应记录在问题日志中
备注	记录任何与本报告相关的备注信息

团队成员进展报告

项目名称：＿＿＿＿＿＿＿＿＿＿＿＿＿＿＿　编制日期：＿＿＿＿＿＿＿＿＿＿＿＿＿＿＿

团队成员：＿＿＿＿＿＿＿＿＿＿＿＿＿＿　角色：＿＿＿＿＿＿＿＿＿＿＿＿＿＿＿＿＿

在当前报告期计划开展的活动

1.
2
3.
4.

在当前报告期完成的活动

1.
2
3.
4.

在当前报告期计划开展但未完成的活动

1.
2
3.
4.

团队成员进展报告

活动偏差的根本原因

| |
| |

在当前报告期支出的资金	在当前报告期计划支出的资金	资金偏差的根本原因

在当前报告期发现的质量偏差	计划的纠正或预防措施

团队成员进展报告

为下一个报告期计划的活动

1.
2.
3.
4.

为下一个报告期计划的成本

新识别的风险

新识别的问题

备注

5.2　项目状态报告

项目状态报告（有时也被称为绩效报告或进展报告）由项目经理填写，并定期提交给发起人、项目组合管理小组、PMO 或其他项目监督成员或小组。项目状态报告的信息从团队成员进展报告汇编而来，包括项目的总体绩效。项目状态报告包含摘要层级的信息，如完成状况，而不是详细的活动层级的信息。项目状态报告跟踪当前报告期的项目进度和成本状态，并提供下一个报告期的计划信息。它指出对里程碑和成本储备的影响，并确定在当前报告期出现的新风险和新问题。典型信息包括：

- 在当前报告期已完成的工作
- 在当前报告期计划完成但未完成的工作
- 完工偏差的根本原因
- 对即将到来的里程碑或项目到期日的影响
- 计划的纠正或预防措施
- 在当前报告期支出的资金
- 预算偏差的根本原因
- 对总体预算或应急资金的影响
- 计划的纠正或预防措施
- 为下一个报告期计划的完工状况
- 为下一个报告期计划的成本
- 新风险
- 新问题
- 备注

在整个项目中按预设的时间间隔提交项目状态报告。

裁剪提示

考虑以下提示有助于裁剪项目状态报告以满足需求：

- 可以添加一个"上报"字段，以识别那些需要上报到发起人、项目集经理或其他适当人员的领域。
- 有些报告包括所做决策的字段，可将这些信息转移至项目决策日志。
- 如果在报告期内提交任何变更请求，可能需要对其进行综述，并引导读者参考变更日志。
- 如果组织有健全的知识管理流程，可以考虑添加字段来描述知识转移或经验教训，可将这些内容加入组织的知识库或经验教训登记册。
- 除了可以裁剪项目状态报告的内容，还可以裁剪呈现形式。许多 PMO 都有报告生成软件，可以将数据转换为仪表板、热力图、红绿灯图或其他呈现形式。

一致性

项目状态报告应与以下文件保持一致：

- 团队成员进展报告
- 项目进度计划

- 成本估算
- 项目预算
- 问题日志
- 风险登记册
- 偏差分析报告
- 挣值分析报告
- 承包商状态报告

描述

可以使用表 5.2 中的要素来编制项目状态报告。

表 5.2　项目状态报告的要素

文件要素	描　　述
在当前报告期已完成的工作	列出在此期间计划完成的所有工作包或其他工作
在当前报告期计划完成但未完成的工作	列出在此期间计划完成但尚未完成的所有工作包或其他工作
完工偏差的根本原因	对于在此期间未按计划完成的任何工作，识别其偏差的原因
对即将到来的里程碑或项目到期日的影响	确定未按计划完成的任何工作对即将到来的里程碑或整体项目进度的影响。确定在关键路径上当前落后的任何工作，或者关键路径是否因偏差而发生变化
计划的纠正或预防措施	确定所需的任何措施，以弥补进度偏差或防止未来的进度偏差
在当前报告期支出的资金	记录在此期间支出的资金
预算偏差的根本原因	对于任何超出或少于计划的支出，识别其偏差的原因。包括人力偏差和材料偏差的信息，以及偏差的原因（是估算造成的还是估算的假设造成的）
对总体预算或应急资金的影响	说明对整个项目预算的影响，或者是否必须支出应急资金
计划的纠正或预防措施	确定所需的任何措施，以弥补成本偏差或防止未来的成本偏差
为下一个报告期计划的完工状况	列出计划在下一期间完成的所有工作包或其他工作
为下一个报告期计划的成本	识别计划在下一期间支出的资金
新风险	识别在此期间已确定的任何新风险。这些风险也应记录在风险登记册中
新问题	识别在此期间已出现的任何新问题。这些问题也应记录在问题日志中
备注	记录任何与报告相关的备注信息

项目状态报告

项目名称：＿＿＿＿＿＿＿＿＿＿＿＿＿　　编制日期：＿＿＿＿＿＿＿＿＿＿＿＿＿＿

项目经理：＿＿＿＿＿＿＿＿＿＿＿　　　发起人：＿＿＿＿＿＿＿＿＿＿＿＿＿＿

在当前报告期已完成的工作

1.
2.
3.
4.

在当前报告期计划完成但未完成的工作

1.
2.
3.
4.

完工偏差的根本原因

项目状态报告

对即将到来的里程碑或项目到期日的影响

计划的纠正或预防措施

在当前报告期支出的资金

预算偏差的根本原因

项目状态报告

对总体预算或应急资金的影响

计划的纠正或预防措施

为下一个报告期计划的完工状况

1.
2.
3.
4.

项目状态报告

为下一个报告期计划的成本

新风险

新问题

备注

5.3 偏差分析报告

偏差分析报告用于收集和汇总有关项目绩效偏差的信息。通常包括进度、成本和技术偏差。技术偏差包括范围偏差和质量偏差。偏差分析报告中的信息包括：

- 进度偏差
  - 计划结果
  - 实际结果
  - 偏差
  - 根本原因
  - 计划的应对措施
- 成本偏差
  - 计划结果
  - 实际结果
  - 偏差
  - 根本原因
  - 计划的应对措施
- 技术偏差
  - 计划结果
  - 实际结果
  - 偏差
  - 根本原因
  - 计划的应对措施

偏差分析报告可以作为独立报告、项目状态报告的一部分或挣值分析报告的备份材料。

裁剪提示

考虑以下提示有助于裁剪偏差分析报告以满足需求：

- 技术偏差可以分解为范围偏差和质量偏差。
- 根据需要可以在活动、资源、工作包、控制账户或项目层级进行偏差分析。
- 可以添加一个复选框，指明是否需要将信息上报给发起人、项目集经理或其他适当的人员。
- 可以添加一个字段，指明持续偏差的含义。可以包括基于趋势分析或已识别的应对措施而做的预测。
- 除了可以裁剪偏差分析报告的内容，还可以裁剪呈现形式。许多 PMO 都有报告生成软件，可以将数据转换为仪表板、热力图、红绿灯图或其他呈现形式。

一致性

偏差分析报告应与以下文件保持一致：

- 团队成员进展报告
- 项目状态报告

- 项目进度计划
- 成本估算
- 项目预算
- 问题日志
- 挣值分析报告
- 承包商状态报告

描述

可以使用表 5.3 中的要素来编制偏差分析报告。

表 5.3　偏差分析报告的要素

文件要素		描　述
进度偏差	计划结果	描述计划完成的工作
	实际结果	描述实际完成的工作
	偏差	描述偏差
	根本原因	确定偏差的根本原因
	计划的应对措施	记录计划的纠正或预防措施
成本偏差	计划结果	记录计划完成的工作的计划成本
	实际结果	记录实际花费的成本
	偏差	计算偏差
	根本原因	确定偏差的根本原因
	计划的应对措施	记录计划的纠正或预防措施
技术偏差	计划结果	描述计划的技术绩效或指标
	实际结果	描述实际的技术绩效或指标
	偏差	描述偏差
	根本原因	确定偏差的根本原因
	计划的应对措施	记录计划的纠正措施

偏差分析报告

项目名称：＿＿＿＿＿＿＿＿＿＿＿＿＿＿＿＿　　编制日期：＿＿＿＿＿＿＿＿＿＿＿＿＿＿＿＿

进度偏差

计划结果	实际结果	偏差
根本原因		
计划的应对措施		

成本偏差

计划结果	实际结果	偏差
根本原因		
计划的应对措施		

偏差分析报告

技术偏差

计划结果	实际结果	偏差

根本原因

计划的应对措施

5.4　挣值分析报告

挣值分析显示了特定的数学指标，通过整合技术、进度和成本信息来反映项目的健康状况。可以报告当前报告期的信息，也可以报告累计的情况。挣值分析可用于预测项目在完工时的总成本，或者在基准预算下完成项目所需的效率。要收集的信息通常包括：

- 完工预算（BAC）
- 计划价值（PV）
- 挣值（EV）
- 实际成本（AC）
- 进度偏差（SV）
- 成本偏差（CV）
- 进度绩效指数（SPI）
- 成本绩效指数（CPI）
- 进度偏差的根本原因
- 进度影响
- 成本偏差的根本原因
- 预算影响
- 计划的百分比
- 挣得的百分比
- 支出的百分比
- 完工估算（EAC）
- 完工尚需绩效指数（TCPI）

挣值分析报告可以作为独立报告或项目状态报告的一部分。在整个项目中，按预设的时间间隔执行挣值分析。

裁剪提示

考虑以下提示有助于裁剪挣值分析报告以满足需求：

- 可以根据需要在控制账户和（或）项目层级进行挣值分析。
- 可以添加字段来表示持续偏差的影响，可以包括基于趋势分析或已识别的应对措施而做的预测。
- 可以使用多个不同的方程式来计算 EAC，这取决于剩余工作是按预算费率完成还是按当前费率完成（本节提供的模板包含了这两个选项）。
- 有多种计算 TCPI 的方法。可以使用项目中的信息来确定报告的最佳方法。
- 可以添加一些信息来表示持续进度偏差的影响，可以包括基于趋势分析（使用 SPI）或关键路径分析而做的进度预测。
- 有些组织开始采用挣得进度指标。除了关键路径分析，还可以更新表单以涵盖各种挣得进度的计算方法。
- 除了可以裁剪挣值分析的内容，还可以裁剪呈现形式。许多 PMO 都有报告生成软件，可以将数据转换为仪表板、控制图、S 曲线或其他呈现形式。

一致性

挣值分析报告应与以下文件保持一致：

- 项目状态报告
- 项目进度计划
- 项目预算
- 偏差分析报告
- 承包商状态报告

描述

可以使用表 5.4 中的要素来编制挣值分析报告。

表 5.4　挣值分析报告的要素

文件要素	描述
计划价值（PV）	输入计划完成的工作的价值
挣值（EV）	输入实际完成的工作的价值
实际成本（AC）	输入已完成工作的成本
进度偏差（SV）	将挣值减去计划价值来计算进度偏差：$SV=EV-PV$
成本偏差（CV）	将挣值减去实际成本来计算成本偏差：$CV=EV-AC$
进度绩效指数（SPI）	将挣值除以计划价值来计算进度绩效指数：$SPI=EV/PV$
成本绩效指数（CPI）	将挣值除以实际成本来计算成本绩效指数：$CPI=EV/AC$
进度偏差的根本原因	确定进度偏差的根本原因
进度影响	描述对可交付物、里程碑或关键路径的影响
成本偏差的根本原因	确定成本偏差的根本原因
预算影响	描述对项目预算、应急资金和应急储备的影响，以及处理偏差的任何预期行动
计划的百分比	表示计划完成工作的百分比：PV/BAC
挣得的百分比	表示已完成工作的百分比：EV/BAC
支出的百分比	表示已花费预算的百分比：AC/BAC
完工估算（EAC）	确定适当的方法以预测完成项目的总支出。计算预测值，并证明选择特定 EAC 的原因。例如： 如果期望 CPI 在项目的剩余工作中保持不变，$EAC=BAC/CPI$ 如果 CPI 和 SPI 都会影响剩余工作，$EAC=AC+[（BAC-EV）/（CPI \times SPI）]$
完工尚需绩效指数（TCPI）	计算剩余工作除以剩余资金： $TCPI=（BAC-EV）/（BAC-AC）$，按计划完成，或者 $TCPI=（BAC-EV）/（EAC-AC）$，按当前 EAC 完成

挣值分析报告

项目名称：_____　　编制日期：_____

完工预算（BAC）：_____　　总体状态：_____

	当前报告期	当前报告期累计	过去报告期累计
计划价值（PV）			
挣值（EV）			
实际成本（AC）			
进度偏差（SV）			
成本偏差（CV）			
进度绩效指数（SPI）			
成本绩效指数（CPI）			
进度偏差的根本原因			

进度偏差的根本原因

进度影响

挣值分析报告

成本偏差的根本原因			
预算影响			
	当前报告期	当前报告期累计	过去报告期累计
计划的百分比			
挣得的百分比			
支出的百分比			
完工估算（EAC）			
EAC w/CPI ［BAC/CPI］			
EAC w/CPI×SPI ［AC+（BAC－EV）/ （CPI×SPI）］			
选定的 EAC（理由和说明）			
完工尚需绩效指数（TCPI）			

5.5　风险报告

风险报告提供了项目整体风险的信息，并汇总了单个项目风险的信息。风险报告为识别和分析风险提供信息，它还涵盖风险应对措施的规划、实施和监督。典型信息包括：

- 执行摘要
- 项目整体风险（描述）
- 单个项目风险（描述）
- 定量分析
- 储备状态
- 风险审计结果（如适用）

风险报告可以从项目环境中的任何地方获取信息。应特别审查的一些输入文件包括：

- 假设日志
- 问题日志
- 经验教训登记册
- 风险管理计划
- 项目绩效报告
- 偏差分析报告
- 挣值分析报告
- 风险审计
- 承包商状态报告

风险报告可为以下文件提供信息：

- 经验教训登记册
- 项目收尾报告

在项目开始时编制风险报告，在整个项目中对其进行更新。

裁剪提示

考虑以下提示有助于裁剪风险报告以满足需求：

- 对于小型的、简单的或短期的项目，可以在项目状态报告中总结相关信息，不用单独创建风险报告。
- 许多项目不包括定量风险分析；如果不进行定量分析，可在报告中移除相关信息。
- 对于大型的、长期的、复杂的项目，可以裁剪定量风险分析技术，使其适用于你的项目。
- 为了使风险报告更加完善，可以包括完整的风险登记册和定量风险模型的输入（概率分布、分支相关性组等）。

一致性

风险报告应与以下文件保持一致：

- 假设日志
- 问题登记册

- 项目绩效报告
- 风险管理计划
- 风险登记册

描述

可以使用表 5.5 中的要素来编制风险报告。

表 5.5 风险报告的要素

文件要素	描 述
执行摘要	描述整体项目风险敞口和影响项目的主要单个风险，以及针对趋势所建议的应对措施
项目整体风险	描述项目的整体风险，包括： • 趋势的高层级说明 • 整体风险的重要驱动因素 • 针对整体风险所建议的应对措施

单个项目风险	分析和汇总与单个项目风险相关的信息，包括：
	• 在概率影响矩阵中每个方格内的风险数量
	• 关键度量指标
	  ○ 活跃风险
	  ○ 新关闭的风险
	  ○ 按类别、目标和分值划分的风险分布
	• 自上次报告以来最关键的风险和变更
	• 针对最重要风险所建议的应对措施

定量分析	汇总定量风险分析的结果，包括： • 定量评估的结果（如 S 曲线、龙卷风图等） • 实现关键项目目标的概率 • 成本和进度成果的驱动因素 • 建议的应对措施
储备状态	描述储备状态，如已使用的储备、剩余储备和对储备充足性的评估
风险审计结果（如适用）	总结风险管理流程的风险审计结果

风险报告

项目名称：_____　　编制日期：_____

执行摘要

项目整体风险（和趋势）

整体风险的重要驱动因素	建议的应对措施

单个项目风险

在下面的每个框内填入单个风险的数量

很高					
高					
中等					
低					
很低					
	很低	低	中等	高	很高

风险报告

度量指标

范围风险的数量	
进度风险的数量	
成本风险的数量	
质量风险的数量	
概率很高的风险的数量	
概率高的风险的数量	
概率中等的风险的数量	
活跃风险的数量	
新关闭的风险	

关键风险

最重要风险	应对措施
1.	1.
2.	2.
3.	3.
4.	4.

关键风险的变更

风险报告

定量分析（摘要）

实现目标的概率

范围	进度	成本	质量	其他

成果范围

进度成果范围	成本成果范围

偏差的主要驱动因素	建议的应对措施

储备状态

总成本储备	截止日期	本期使用	剩余储备

风险报告

总进度储备	截止日期	本期使用	剩余储备

储备充足性评估

风险审计结果（摘要）

风险事件摘要
风险管理流程摘要
建议摘要

5.6　承包商状态报告

承包商状态报告由承包商填写，并定期提交给项目经理，它跟踪当前报告期的状态，并为未来报告期提供预测。该报告还收集新风险、争议和问题的信息。信息可以包括：

- 范围绩效
- 质量绩效
- 进度绩效
- 成本绩效
- 绩效预测
- 索赔或争议
- 风险
- 问题
- 预防或纠正措施
- 备注

这些信息通常包含在项目经理编制的项目状态报告中。在整个项目中，按预设的时间间隔提交承包商状态报告。

裁剪提示

考虑以下提示有助于裁剪承包商状态报告以满足需求：

- 可以将范围绩效和质量绩效组合为技术绩效。
- 可以添加一个"上报"字段，以识别那些需要上报到发起人、项目集经理、合同管理人员或其他适当人员的领域。
- 如果在报告期内提交了任何合同变更请求，则应在承包商状态报告中进行概述。
- 除了可以裁剪承包商状态报告的内容，还可以裁剪呈现形式。许多 PMO 都有报告生成软件，可以将数据转换为仪表板、热力图、红绿灯图或其他呈现形式。

一致性

承包商状态报告应与以下文件保持一致：

- 采购管理计划
- 项目进度计划
- 成本估算
- 项目预算
- 偏差分析报告
- 挣值分析报告
- 项目状态报告

描述

可以使用表 5.6 中的要素来编制承包商状态报告。

表 5.6　承包商状态报告的要素

文件要素	描述
（当前报告期的）范围绩效	描述在当前报告期有关范围方面的进展
（当前报告期的）质量绩效	识别任何质量或绩效偏差
（当前报告期的）进度绩效	描述合同是否如期完成。如果有提前或延后，识别造成偏差的原因
（当前报告期的）成本绩效	描述合同是否符合预算。如果超出或低于预算，识别造成偏差的原因
（未来报告期的）绩效预测	讨论预计的交付日期和完成合同的最终成本。如果合同是固定价格，则不要输入成本预测
索赔或争议	识别在当前报告期发生的任何新的或已解决的索赔或争议
风险	列出所有风险，并且将其记入风险登记册
问题	识别出现的任何新问题，并且将其输入至问题日志
（计划的）预防或纠正措施	识别计划的预防或纠正措施，以弥补进度、成本、范围或质量偏差
备注	记录任何与报告相关的备注信息

承包商状态报告

项目名称：_____　　编制日期：_____

供应商：_____　　合同编号：_____

（当前报告期的）范围绩效

```



```

（当前报告期的）质量绩效

```



```

（当前报告期的）进度绩效

```



```

（当前报告期的）成本绩效

```



```

（未来报告期的）绩效预测

```



```

承包商状态报告

索赔或争议

风险

问题

（计划的）预防或纠正措施

备注

5.7　合同收尾报告

在合同收尾报告中，要记录供应商的绩效，以便用于评估供应商的未来工作。合同收尾报告有助于确保合同协议的完成或终止。在合同完全终止前，必须解决所有争议，验收产品或结果，并支付最终的付款。合同收尾报告应包括以下信息：

- 供应商绩效分析
  - 范围
  - 质量
  - 进度
  - 成本
  - 其他（如供应商是否易于合作）
- 合同变更记录
  - 更改标识
  - 变更描述
  - 批准日期
- 合同争议记录
  - 情况描述
  - 解决方案
  - 解决日期

合同完成日期、签字人和最终付款日期是其他应记录的要素。

裁剪提示

考虑以下提示有助于裁剪合同收尾报告以满足需求：

- 对于小型合同，可以将供应商绩效分析中的所有信息合并至摘要段落。
- 对于小型合同，可能不需要记录有关合同变更或合同争议的信息。
- 如果项目基于一份大型合同，可以将其信息与项目收尾报告中的信息合并。

一致性

合同收尾报告应与以下文件保持一致：

- 采购管理计划
- 采购审计
- 变更日志
- 项目收尾报告

描述

可以使用表 5.7 中的要素来编制合同收尾报告。

表 5.7　合同收尾报告的要素

文件要素		描　述
供应商绩效分析（表现良好的方面）	范围	描述合同范围中处理良好的工作
	质量	描述产品质量中处理良好的工作
	进度	描述合同进度中处理良好的工作
	成本	描述合同预算中处理良好的工作
	其他	描述合同或采购中处理良好的任何其他工作
供应商绩效分析（有待改进的方面）	范围	描述合同范围中可以改进的工作
	质量	描述产品质量中可以改进的工作
	进度	描述合同进度中可以改进的工作
	成本	描述合同预算中可以改进的工作
	其他	描述合同或采购中可以改进的任何其他工作
合同变更记录	变更标识	输入变更日志中的变更标识
	变更描述	输入变更日志中的描述
	批准日期	输入变更日志中的批准日期
合同争议记录	情况描述	描述索赔或争议
	解决方案	描述解决方案
	解决日期	输入索赔或争议的解决日期

合同收尾报告

项目名称：_____　编制日期：_____

项目经理：_____　合同代表：_____

供应商绩效分析

表现良好的方面	
范围	
质量	
进度	
成本	
其他	
有待改进的方面	
范围	
质量	
进度	
成本	
其他	

合同变更记录

变更标识	变更描述	批准日期

合同收尾报告

合同争议记录

情况描述	解决方案	解决日期

合同完成日期＿＿＿＿＿＿＿＿＿＿＿＿＿＿＿＿＿＿＿＿＿＿＿＿＿＿

签　　　字＿＿＿＿＿＿＿＿＿＿＿＿＿＿＿＿＿＿＿＿＿＿＿＿＿＿

最终付款日期＿＿＿＿＿＿＿＿＿＿＿＿＿＿＿＿＿＿＿＿＿＿＿＿＿

5.8　经验教训报告

可在整个项目中或在特定的时间间隔后编制经验教训报告，例如，在生命周期阶段结束时，将经验教训记录至经验教训登记册。经验教训报告记录了项目团队做得好的、应该分享给其他项目团队的方面，并识别了那些在未来的项目工作中应该改进的方面。经验教训报告可以包括关于风险、问题、采购、质量缺陷以及任何绩效不佳或绩效优秀方面的信息。要记录的信息包括：

- 项目绩效分析
  - 需求定义和管理
  - 范围定义和管理
  - 进度制定和控制
  - 成本估算和控制
  - 质量规划和控制
  - 实物资源规划和控制
  - 团队建设和管理
  - 沟通管理
  - 风险管理
  - 采购规划和管理
  - 干系人参与
  - 过程改进
  - 特定产品的信息
- 风险和问题
- 质量缺陷
- 供应商管理
- 绩效优异的领域
- 需要改进的领域

应将这些信息和经验教训登记册一起保存在经验教训库中。经验教训库可以像经验教训活页夹一样简单，也可以是可检索的数据库，或者介于两者之间。其目的是提高当前项目（如果在项目期间进行收集）和未来项目的绩效。使用项目中的信息来裁剪模板，以最好地满足需求。对于周期长的项目，可在项目阶段结束时编制经验教训报告；对于周期短的项目，可在项目收尾时编制经验教训报告。

裁剪提示

考虑以下提示有助于裁剪经验教训报告以满足需求：

- 根据需要，添加、合并或消除行，以抓住项目中的重要方面。
- 可以考虑增加变更管理的内容，这有时是项目管理中具有挑战性的一个方面。
- 如果在项目结束时进行总结，可以包括各阶段管理的内容。
- 如果在项目中使用了新的开发方法，如结合了预测型和适应型（敏捷）方法的混合型方法，请考虑添加一些相关的经验教训。

一致性

经验教训报告应与以下文件保持一致：

- 问题登记册
- 风险登记册
- 决策日志
- 经验教训登记册
- 回顾

描述

可以使用表 5.8 中的要素来编制经验教训报告。

表 5.8　经验教训报告的要素

文件要素	描　　述	
项目绩效	表现良好的方面	有待改进的方面
需求定义和管理	列出在定义和管理需求方面有效的任何实践或事件	列出在定义和管理需求方面有待改进的任何实践或事件
范围定义和管理	列出在定义和管理范围方面有效的任何实践或事件	列出在定义和管理范围方面有待改进的任何实践或事件
进度制定和控制	列出在制定和控制进度方面有效的任何实践或事件	列出在制定和控制进度方面有待改进的任何实践或事件
成本估算和控制	列出在估算和控制成本方面有效的任何实践或事件	列出在估算和控制成本方面有待改进的任何实践或事件
质量规划和控制	列出在规划、管理和控制质量方面有效的任何实践或事件	列出在规划、管理和控制质量方面有待改进的任何实践或事件。具体缺陷另行处理
实物资源规划和控制	列出在规划、获取和管理实物资源方面有效的任何实践或事件	列出在规划、获取和管理实物资源方面有待改进的任何实践或事件
团队建设和管理	列出在与团队成员合作、建设团队和管理团队方面有效的任何实践或事件	列出在与团队成员合作、建设团队和管理团队方面有待改进的任何实践或事件
沟通管理	列出在规划和分发信息方面有效的任何实践或事件	列出在规划和分发信息方面有待改进的任何实践或事件
风险管理	列出在风险管理方面有效的任何实践或事件。具体风险另行处理	列出在风险管理方面有待改进的任何实践或事件。具体风险另行处理
采购规划和管理	列出在规划、执行和管理合同方面有效的任何实践或事件	列出在规划、执行和管理合同方面有待改进的任何实践或事件
干系人参与	列出在干系人参与方面有效的任何实践或事件	列出在干系人参与方面有待改进的任何实践或事件
过程改进	列出应继续执行的任何过程	列出应变更或停止的任何过程

文件要素	描　　述	
项目绩效	表现良好的方面	有待改进的方面
特定产品的信息	列出在提供特定产品、服务或结果方面有效的任何实践或事件	列出在提供特定产品、服务或结果方面有待改进的任何实践或事件
其他	列出任何其他有效的实践或事件，如变更控制、配置管理等	列出任何其他有待改进的实践或事件，如变更控制、配置管理等
风险和问题	风险或问题描述：识别应考虑的风险或问题，以改进组织学习	
	应对：描述应对措施及其有效性	
	备注：提供可以提高未来项目绩效所需的任何额外信息	
质量缺陷	缺陷描述：描述应考虑的质量缺陷，以提高组织有效性	
	解决方案：描述缺陷是如何被解决的	
	备注：说明应采取哪些措施来提高未来的项目绩效	
供应商管理	供应商：列出供应商	
	问题：描述发生的任何问题、索赔或争议	
	解决方案：描述成果或解决方案	
	备注：说明应采取哪些措施来提高供应商未来的管理绩效	
其他	绩效优异的领域：识别可以被其他团队借鉴的绩效优异的领域	
	需要改进的领域：识别未来可以改进的领域	

经验教训报告

项目名称：_____ 编制日期：_____

项目绩效分析

	表现良好的方面	有待改进的方面
需求定义和管理		
范围定义和管理		
进度制定和控制		
成本估算和控制		
质量规划和控制		
实物资源规划和控制		
团队建设和管理		
沟通管理		
风险管理		
采购规划和管理		
干系人参与		
过程改进		
特定产品的信息		
其他		

风险和问题

风险或问题描述	应对	备注

经验教训报告

质量缺陷

缺陷描述	解决方案	备注

供应商管理

供应商	问题	解决方案	备注

其他

绩效优异的领域	需要改进的领域

5.9 项目收尾报告

在项目收尾报告中，应记录最终项目绩效与项目目标的比较，审查项目章程中的目标，并记录实现目标的证据。如果没有实现目标，或者存在偏差，也要将其记录下来。另外，项目收尾报告还应包括采购收尾的信息。要记录的信息包括：

- 项目描述
- 绩效总结（项目目标）
- 绩效总结（完成标准）
- 绩效总结（如何完成）
- 偏差（成本和进度）
- 收益管理
- 商业需要
- 风险和问题

利用项目中的信息来确定最佳方法。

裁剪提示

考虑以下提示有助于裁剪项目（或阶段）收尾报告以满足需求：

- 对于长期项目，应考虑分阶段收尾，而不是等到项目结束。在项目结束时，可以收集所有阶段的收尾信息。
- 当使用增量型生命周期或敏捷开发方法时，主要产品、服务或能力的最终交付工作可能从正式的项目/阶段收尾报告中获益。
- 如果项目是项目集的一部分，应根据项目集的需要来裁剪内容。

一致性

项目收尾报告应与以下文件保持一致：

- 项目管理计划（所有组件）
- 经验教训报告

项目收尾表单在项目或阶段结束时进行开发。

描述

可以使用表 5.9 中的要素来编制项目（或阶段）收尾报告。

表 5.9　项目（或阶段）收尾报告的要素

文件要素	描　　述		
项目描述	提供项目的摘要级描述		
绩效总结	范围	• 描述为实现项目计划收益所需的范围目标 • 记录完成范围目标所需的具体的和可测量的标准 • 提供符合完工标准的证据	
	质量	• 描述为实现项目计划收益所需的质量目标和标准 • 记录完成产品和项目质量目标所需的具体的和可测量的标准 • 输入来自产品验收表的验证和确认信息	
偏差	记录时间和成本目标，以及最终完成日期和最终支出。解释任何偏差		
商业需要	描述最终产品、服务或结果如何实现商业计划中确定的商业需要		
风险和问题	总结重大的风险、问题或整体风险敞口，描述应对措施和解决策略		

项目收尾报告

项目名称：_____　　编制日期：_____　　项目经理：_____

项目描述

绩效总结

	项目目标	完成标准	如何完成
范围			
质量			

偏差

	目标/最终成果	偏差	备注
时间			
成本			

商业需要

项目收尾报告

风险和问题

风险或问题	应对或解决方案	备注

5.10 质量审计

质量审计是一种对项目和/或产品要素进行结构化的独立审查技术。项目或产品的任何方面都可以被审计。审计的常见领域包括：

- 审计的领域
  - 项目过程
  - 项目文件
  - 产品需求
  - 产品文件
  - 缺陷或不足（修复）
  - 组织的政策和程序
  - 质量管理计划
- 类似项目的良好实践
- 需要改进的方面
- 缺陷或不足（描述）

缺陷或不足应包括行动事项、负责人，并指定达到符合的截止日期。

应按预设的时间间隔或根据需要进行质量审计。

裁剪提示

考虑以下提示有助于裁剪质量审计以满足需求：

- 质量审计还可以包括将要与其他项目共享的信息。
- 在有些项目中，使用审计来跟踪已批准的变更、纠正或预防措施的实施情况。

一致性

质量审计应与以下文件保持一致：

- 质量管理计划

描述

可以使用表 5.10 中的要素来编制质量审计。

表 5.10　质量审计的要素

文件要素	描　　述	
审计的领域	在已审计领域前的方框内打"√"	
类似项目的良好实践	描述类似项目中可以分享的任何良好实践或最佳实践	
需要改进方面	描述需要改进的任何方面，以及需要达到的具体改进或测量指标	
缺陷或不足	标识	输入唯一的标识
	缺陷	描述缺陷

文件要素		描　述
缺陷或不足	行动	描述修复缺陷需要采取的纠正措施
	负责人	识别被指派修复缺陷的人员
	到期日	记录到期日
备注		提供有关审计的任何其他有用备注

质量审计

项目名称：_____ 编制日期：_____

项目审计员：_____ 审计日期：_____

审计的领域	
□项目过程	□项目文件
□产品需求	□产品文件
□质量管理计划	□缺陷或不足（修复）
□ 组织的政策和程序	

类似项目的良好实践

需要改进的方面

缺陷或不足（描述）				
标识	缺陷	行动	负责人	到期日

备注

5.11　风险审计

风险审计用于评估风险识别、风险应对和风险管理流程的整体有效性。在风险审计中，审查的信息包括：

- 风险事件审计
  - 事件
  - 起因
  - 应对
  - 备注
- 风险应对审计
  - 事件
  - 应对
  - 成功
  - 改进行动
- 风险管理流程审计
  - 流程
  - 遵循
  - 使用的工具和技术
- 良好实践
- 需要改进的方面

根据需要定期进行风险审计。

裁剪提示

考虑以下提示有助于裁剪风险审计以满足需求：

- 为了让审计更有效，可以对风险管理方法的有效性进行评估。
- 大型组织通常会有与项目风险管理相关的政策和程序。如果组织中有类似情况，请包含对政策和程序遵守情况的评估。
- 很多组织不跟踪机会管理。如果有必要，可以扩大审计范围，将机会管理包括在内。
- 对于大型项目，除了风险事件的信息，最好能包括整体风险的信息。

一致性

风险审计应与以下文件保持一致：

- 风险管理计划
- 风险登记册
- 风险报告

描述

可以使用表 5.11 中的要素来编制风险审计。

表 5.11　风险审计的要素

文件要素		描　述
风险事件审计	事件	根据风险登记册列出事件
	起因	根据风险登记册识别事件的根本原因
	应对	描述实施的应对措施
	备注	讨论是否有任何方法可以预测事件并更有效地应对风险
风险应对审计	事件	根据风险登记册列出事件
	应对	根据风险登记册列出风险应对措施
	成功	说明应对是否成功
	改进行动	识别风险应对过程中的任何改进机会
风险管理流程审计	风险管理规划	遵循：说明各个流程是否遵循了风险管理计划 使用的工具和技术：识别在各个风险管理流程中使用的工具和技术，以及它们是否有效
	风险识别	
	风险分析	
	风险应对规划	
	风险监督	
良好实践		描述任何可以分享的、用于其他项目的实践，包括更新和改进风险表格、模板、政策、程序或流程，以确保这些实践可重复
需要改进的方面		描述任何需要改进的实践、改进计划，以及纠正措施的跟进日期或信息

风险审计

项目名称：_____　　编制日期：_____

项目审计员：_____　　审计日期：_____

风险事件审计

事件	起因	应对	备注

风险应对审计

事件	应对	成功	改进行动

风险管理流程审计

流程	遵循	使用的工具和技术
风险管理规划		
风险识别		
风险分析		
风险应对规划		
风险监督		

风险审计

良好实践（描述）

需要改进的方面（描述）

5.12　采购审计

采购审计可审查合同和履约过程的完整性、准确性和有效性。采购审计的信息可用于改进当前采购或其他合同的履约过程和结果。在进行采购审计时要记录的信息包括：

- 供应商绩效审计
  - 范围
  - 质量
  - 进度
  - 成本
  - 其他
- 采购管理过程审计
  - 过程（采购规划、实施采购、管理采购）
  - 遵循
  - 使用的工具和技术
- 良好实践
- 有待改进的方面

在整个项目中定期进行采购审计，或者根据需要进行采购审计。

裁剪提示

考虑以下提示有助于裁剪采购审计以满足需求：

- 添加定性信息，如供应商是否容易合作、回复电话是否及时、合作态度如何等，这可以为未来的采购提供有用的信息。

一致性

采购审计应与以下文件保持一致：

- 采购管理计划
- 承包商状态报告
- 合同收尾报告

描述

可以使用表 5.12 中的要素来编制采购审计。

表 5.12　采购审计的要素

文件要素		描　述
供应商绩效审计 （表现良好的方面）	范围	描述在合同范围中处理得好的方面
	质量	描述在产品质量中处理得好的方面
	进度	描述在合同进度中处理得好的方面

续表

文件要素		描 述
供应商绩效审计（表现良好的方面）	成本	描述在合同预算中处理得好的方面
	其他	描述在合同或采购中处理得好的其他方面
供应商绩效审计（有待改进的方面）	范围	描述在合同范围中可以改进的方面
	质量	描述在产品质量中可以改进的方面
	进度	描述在合同进度中可以改进的方面
	成本	描述在合同预算中可以改进的方面
	其他	描述在合同或采购中可以改进的其他方面
采购管理过程审计	采购规划	遵循：说明每次采购是否遵循了采购管理过程
	实施采购	使用的工具和技术：描述对每次采购有效的任何工具和技术
	管理采购	
良好实践		描述任何可以与其他项目分享的或应纳入组织政策、程序或流程的良好实践，包括经验教训
有待改进的方面		描述在采购过程中有待改进的方面，包括应纳入组织政策、程序或流程的信息，以及经验教训

采购审计

项目名称：＿＿＿＿＿＿＿＿＿＿＿＿＿＿　编制日期：＿＿＿＿＿＿＿＿＿＿＿＿＿＿＿

项目审计员：＿＿＿＿＿＿＿＿＿＿＿＿＿　审计日期：＿＿＿＿＿＿＿＿＿＿＿＿＿＿＿

供应商绩效审计

表现良好的方面	
范围	
质量	
进度	
成本	
其他	
有待改进的方面	
范围	
质量	
进度	
成本	
其他	

采购管理过程审计

过程	遵循	使用的工具和技术
采购规划		
实施采购		
管理采购		

采购审计

良好实践（描述）

有待改进的方面（描述）

组合模板

在本书中，我常常提及：如果项目有需要，可以将某些模板进行组合。在附录 A 中，我提供了五个组合模板的示例：

- 项目愿景陈述+项目建议书
- 项目章程+范围说明书
- 范围管理计划+质量管理计划
- 沟通管理计划+干系人参与计划
- 采购策略+资源选择

本书已介绍过这些模板中的内容，所以我在这里不再重复。我简要总结了在组合模板时如何进行裁剪（见表 A.1）。

表 A.1　组合模板的裁剪

文　件	裁剪描述
项目愿景陈述 项目建议书	将两个模板进行组合，包括每个模板的所有内容
项目章程 范围说明书	这是一个简略的项目章程，并整合了范围说明书。从项目章程中删除的信息包括：高层级的需求、整体项目风险、干系人、项目退出标准和项目经理的授权级别。作为简略项目章程的一部分，来自范围说明书的信息包括：除外条款和可交付物的验收标准
范围管理计划 质量管理计划	该模板可采用每个模板的简化版本，并将它们组合在一起。该模板包含有关分解范围和组织范围的信息，可以参考瀑布方法或敏捷方法。通过列出可交付物、度量指标、测量和验收标准来确定质量目标。可以描述哪些可交付物和过程应接受质量审查，也可以描述应该如何进行范围变更管理
沟通管理计划 干系人参与计划	该模板可采用每个模板的简化版本，并将它们组合在一起。将发送方、假设条件、制约因素和术语表的信息从沟通管理计划中删除。 将当前和期望的参与水平、待处理的干系人变更和干系人关系的信息从干系人参与计划中删除

续表

文　　件	裁剪描述
沟通管理计划 干系人参与计划	新增了两个字段：影响、态度。影响是指干系人能够影响项目方向或决策的程度。态度是指干系人对该项目的看法（赞成或不赞成）
采购策略 资源选择	将两个模板进行组合，包括每个模板的所有内容

　　这些模板示例只是组合和裁剪模板的几个可选项。看看如何修改和组合这些模板，也许会给你带来一些思路，帮助你更好地裁剪正在使用的项目模板。

项目建议书

项目名称：_____   编制日期：_____

执行摘要

项目愿景

　　我们正在为_____开发_____。

　　为应对以下需要：

-
-
-

　　本产品通过提供以下关键属性，来应对以上需要：

-
-
-

　　客户会因为获得以下收益而购买产品：

-
-
-

项目背景

项目建议书

解决方案和方法

目标	范围

财务信息

资源需求

实物资源	团队资源

结论

简略项目章程

项目名称：_____　　就绪日期：_____

项目发起人：_____　　项目经理：_____

项目目标

```

```

高层级的项目描述

```

```

项目边界和除外条款

```

```

项目可交付物	验收标准

简略项目章程

	项目目标	成功标准
范围		
时间		
成本		
其他		

里程碑汇总	截止日期

预算

批准

项目经理签字	发起人/发起者签字
项目经理姓名	发起人/发起者姓名
日期	日期

范围管理计划

项目名称：_____　　日期：_____

分解范围和组织范围

质量目标

可交付物	度量指标（或规格）	测量	验收标准

应接受质量审查的可交付物和过程

可交付物	过程

范围变更管理

沟通管理计划

项目名称：_____　　就绪时间：_____

干系人	影响	态度	信息	方法	时间或频次

干系人参与方法

干系人	参与方法

采购策略

项目名称：＿＿＿＿＿＿＿＿＿＿＿＿＿＿＿＿＿＿＿＿编制日期：＿＿＿＿＿＿＿＿＿＿＿＿＿＿

交付方式

合同类型

□FFP	□FPIF	□FP-EPA	□CPFF	□CPIF	□CPAF	□T&M	□其他

激励或奖励费用	标准

采购生命周期

阶段	进入标准	关键可交付物或里程碑	退出标准	知识转移

采购策略

资源选择

范围	1	2	3	4	5
标准 1					
标准 2					
标准 3					

	权重	候选人 1 等级	候选人 1 得分	候选人 2 等级	候选人 2 得分	候选人 3 等级	候选人 3 得分
标准 1							
标准 2							
标准 3							
总分							